Les États-Unis d'Europe
(De Versailles à Locarno)

Jacques Kayser, Paul Franck, Camille Lemercier

The Making of Modern Law collection of legal archives constitutes a genuine revolution in historical legal research because it opens up a wealth of rare and previously inaccessible sources in legal, constitutional, administrative, political, cultural, intellectual, and social history. This unique collection consists of three extensive archives that provide insight into more than 300 years of American and British history. These collections include:

Legal Treatises, 1800-1926: over 20,000 legal treatises provide a comprehensive collection in legal history, business and economics, politics and government.

Trials, 1600-1926: nearly 10,000 titles reveal the drama of famous, infamous, and obscure courtroom cases in America and the British Empire across three centuries.

Primary Sources, 1620-1926: includes reports, statutes and regulations in American history, including early state codes, municipal ordinances, constitutional conventions and compilations, and law dictionaries.

These archives provide a unique research tool for tracking the development of our modern legal system and how it has affected our culture, government, business – nearly every aspect of our everyday life. For the first time, these high-quality digital scans of original works are available via print-on-demand, making them readily accessible to libraries, students, independent scholars, and readers of all ages.

The BiblioLife Network

This project was made possible in part by the BiblioLife Network (BLN), a project aimed at addressing some of the huge challenges facing book preservationists around the world. The BLN includes libraries, library networks, archives, subject matter experts, online communities and library service providers. We believe every book ever published should be available as a high-quality print reproduction; printed on-demand anywhere in the world. This insures the ongoing accessibility of the content and helps generate sustainable revenue for the libraries and organizations that work to preserve these important materials.

The following book is in the "public domain" and represents an authentic reproduction of the text as printed by the original publisher. While we have attempted to accurately maintain the integrity of the original work, there are sometimes problems with the original work or the micro-film from which the books were digitized. This can result in minor errors in reproduction. Possible imperfections include missing and blurred pages, poor pictures, markings and other reproduction issues beyond our control. Because this work is culturally important, we have made it available as part of our commitment to protecting, preserving, and promoting the world's literature.

GUIDE TO FOLD-OUTS MAPS and OVERSIZED IMAGES

The book you are reading was digitized from microfilm captured over the past thirty to forty years. Years after the creation of the original microfilm, the book was converted to digital files and made available in an online database.

In an online database, page images do not need to conform to the size restrictions found in a printed book. When converting these images back into a printed bound book, the page sizes are standardized in ways that maintain the detail of the original. For large images, such as fold-out maps, the original page image is split into two or more pages

Guidelines used to determine how to split the page image follows:

• Some images are split vertically; large images require vertical and horizontal splits.
• For horizontal splits, the content is split left to right.
• For vertical splits, the content is split from top to bottom.
• For both vertical and horizontal splits, the image is processed from top left to bottom right.

JACQUES KAYSER — PAUL FRANCK
ET CAMILLE LEMERCIER

LES ÉTATS-UNIS D'EUROPE

(De Versailles à Locarno)

LES ÉDITIONS DU MONDE MODERNE
79 bis, RUE DE VAUGIRARD, — PARIS

IL A ÉTÉ TIRÉ DE CET OUVRAGE
12 EXEMPLAIRES SUR PAPIER DE
HOLLANDE PANNEKOEK DONT
3 HORS COMMERCE ET 9 NON
NUMÉROTÉS

INTRODUCTION

INTRODUCTION

Assurer la paix du monde est, aujourd'hui, la tâche et le besoin essentiel des diverses Nations ; accablés par une guerre ruineuse, épuisés économiquement, les États Européens ne se peuvent relever que s'ils sont assurés qu'un nouveau conflit armé n'est pas à craindre. Éviter la guerre, garantir les États contre la guerre, telles sont les fins que recherchent tous ceux que l'avenir de la civilisation ne laisse pas indifférents. L'étude de ces problèmes constitue l'examen même du problème de la sécurité, qui fait l'objet des pages qui vont suivre.

Problème actuel s'il en fût, et problème pressant. Problème qui est aujourd'hui au premier rang des préoccupations des nations conscientes, car nulle puissance ne saurait rester étrangère à sa solution, tant seraient grandes ses répercussions sur l'organisation internationale.

Né des relations franco-allemandes, le problème de la sécurité a éclipsé toutes les autres questions pour faire l'objet des préoccupations essentielles des Chancelleries, de la Société des Nations, des Parlements et des peuples.

Problème essentiel, mais problème nouveau, dans sa forme actuelle.

Si l'on fait abstraction des Amphictyonies grecques

dont l'exiguité exclut toute comparaison avec le monde international contemporain, la question de sécurité ne se posa jamais pour le monde antique ; Rome, qui avait étendu sa domination jusqu'aux confins du monde connu, n'avait plus d'ennemis extérieurs, depuis que ses anciens adversaires étaient soumis à la Pax « Romana ». Les barbares vivaient en tribus de la rapine et de la guerre.

Lorsque du creuset du moyen-âge sortirent des Nations que l'on peut comparer, quant à leur configuration générale, aux États modernes, elles eurent toute la volonté de s'assurer de bonnes frontières et d'établir en Europe un tel système d'alliances qu'elles ne se trouvassent jamais en présence de forces disproportionnées aux leurs.

C'est là une constatation historique : jusqu'à la fin de la guerre de 1914-1918, la seule préoccupation correspondante à la conception actuelle de sécurité est uniquement un problème d'équilibre en Europe. Et l'on peut dire que du XVe au XXe siècle, malgré les bouleversements, profonds qui agitèrent la politique internationale, l'aspect de la question ne se modifia point.

Les gouvernements des différents états tendirent à créer un équilibre des forces et puissances qui ne plaçât aucun d'eux en état d'infériorité. Ils accomplirent cette œuvre en tissant un réseau d'alliances qui opposaient les unes aux autres des coalitions de puissance équivalente. Cet équilibre était instable. La moindre victoire au profit d'un des groupes entraînait sa rupture et c'étaient alors de nouveaux efforts de regroupement ou de revanche de la part des chancelleries. La réalisation d'un tel équi-

libre, qui se ruinait lui-même, fut pour l'Europe, jusqu'à la dernière guerre, la seule conception qu'elle eût
de la sécurité. Pour les États européens, il n'était alors
de sécurité que dans l'équilibre aussi exact que possible
des forces adverses et des puissances amies.

La politique de la Grande-Bretagne fut, si l'on peut
dire, la synthèse même de cette politique d'équilibre.
Elle surveillait en Europe la répartition et l'organisation des diverses puissances, et apportait au moment décisif le concours de sa force à la coalition la plus faible,
pour que le groupe qui paraissait momentanément le
plus fort ne pût établir son hégémonie. Les rôles une
fois renversés, par l'appoint qu'elle apportait, elle n'hésitait pas à se ranger aux côtés de ses anciens adversaires,
jouant ainsi le rôle d'arbitre indispensable de l'équilibre
européen.

Pour ce qui est de la France, si l'on fait abstraction de
quelques renversements d'alliances qui n'influencèrent
jamais sa diplomatie d'une manière durable, la politique
traditionnelle de la monarchie, reprise au reste par
l'Empire, après les guerres de libérations des premières
années de la Révolution, consista à s'opposer au développement de la puissance de la maison de Habsbourg,
pour maintenir en Europe Centrale un équilibre de
forces. C'est pour faire échec à la monarchie danubienne que la France entreprit la ruineuse guerre de
la succession d'Espagne. C'est pour lui opposer un adversaire à sa taille qu'elle soutint et favorisa le développement de la maison de Prusse, dont l'extension et l'arrivée
sur les bords du Rhin constituaient cependant pour elle
un danger autrement redoutable, qu'elle négligea
aveuglément.

L'Autriche écrasée après Sadowa, la Prusse devenant la première puissance continentale, la France modifia sa politique, et c'est pour des raisons d'équilibre encore, que Napoélon III s'opposa à l'accession d'un prince de Hohenzollern sur le trône d'Espagne.

C'est encore une préoccupation similaire qui, après 1870, après la constitution de la Triple-Alliance (Allemagne-Autriche-Italie), devait nécessairement entraîner et entraîna effectivement la constitution d'un autre Bloc de Nations, de force équivalente, destiné à faire contre-poids au premier : la Triple-Entente (France-Angleterre-Russie).

Mais cette politique qui recherchait dans l'équilibre le moyen d'éviter la guerre ou plutôt d'y triompher si elle éclatait, aboutit en 1914 à la guerre mondiale, qui fut la preuve la plus éclatante de son impuissance.

Lorsque les puissances furent engagées dans la lutte, elles recherchèrent bien encore des concours et contractèrent des alliances. Il s'agissait alors de s'assurer les meilleures chances de succès par la rupture de l'équilibre qu'on avait réalisé. Le fait nouveau essentiel que l'on constata, en la diplomatie durant la dernière guerre, fut l'établissement en quelque sorte spontané de la solidarité internationale. Fait nouveau, phénomène capital qui se trouve à la base même de la notion actuelle de sécurité.

C'est sous l'angle économique et financier que se manifesta tout d'abord cette solidarité qui, durant la guerre, n'avait pu évidemment s'étendre qu'à chacun des groupes de belligérants sans pouvoir se développer de l'un à l'autre.

Cette solidarité se manifesta par exemple, chez les Alliés par la politique maritime, les efforts de ravitaillement, les ouvertures de crédits, et le soutien des changes. Il est possible de dire qu'à certaines époques de la guerre, les Alliés mirent en commun toutes leurs ressources et que les moins directement atteints mobilisèrent tous leurs moyens pour soutenir ceux qui ressentaient le plus durement les effets de la guerre. Les négociations de trésorerie à trésorerie, qui, depuis 1916, eurent une influence décisive sur la conduite financière de la guerre, constituèrent l'exemple le plus saisissant de cette solidarité naissante.

Après la signature de l'armistice, cette solidarité en quelque sorte officielle ne subsista pas. Les nations prétendirent reprendre leur indépendance économique et financière, mais elles connurent alors que chacune d'entre elle était influencée, qu'elle le voulut ou non, par tout événement qui survenait sur un point même éloigné du monde. Cette solidarité naturelle ne demeura pas limitée aux anciens groupes séparés de la guerre. Par delà les frontières et les traités elle s'étendit d'un bloc à l'autre et les anciens adversaires se trouvèrent unis par les mêmes nécessités.

C'est de cette solidarité en face des événements économiques qu'est résultée la conception nouvelle de la sécurité, qui n'est pas autre chose qu'une solidarité politique et diplomatique.

La guerre une fois achevée, il s'agissait de se garantir contre son retour. La dissolution des alliances, l'apparition sur la scène du monde de nations qui ne semblaient pas encore prêtes à se ranger dans l'un ou l'autre camp, l'effondrement d'anciennes puissances, qui avaient pesé, telle l'Autriche-Hongrie, d'un poids considérable sur la balance des forces internationale, rendaient impossible la recherche d'un équilibre dont on se rendait, enfin, nettement compte, que loin d'éviter la guerre, il contribuait à l'engendrer.

Et cependant, le monde avait besoin de la paix. Puisque le besoin de vivre unissait les unes aux autres des nations hier encore divisées, n'était-ce pas dans leur entente qu'il fallait rechercher des garanties contre la guerre? Et c'est ainsi que peu à peu de l'idée de solidarité internationale se dégagea, d'une manière de jour en jour plus consciente, le concept de la sécurité.

Ce concept, on ne le trouve dans aucun des instruments diplomatiques qui mirent fin à la guerre. Il ne résulte pas directement du pacte de la Société des Nations. Un chapitre de ce livre indiquera par quelles voies il procéda pour paraître aujourd'hui au premier plan de la scène mondiale. Bornons-nous pour l'instant, à indiquer en quoi il consiste.

Deux idées essentielles le synthétisent et le définissent.

En premier lieu, l'idée de sécurité tend à garantir les nations contre la guerre. C'est là une conception toute nouvelle, car lorsque l'ingéniosité des chancelleries consistait à rechercher l'établissement de l'équilibre, elles avaient en vue non pas tant d'éviter la guerre, ce qu'elles savaient irréalisable par la vertu des seules méthodes qu'elles connussent, que d'assurer à leurs pays respectifs les meilleures chances dans la guerre inévitable.

La vraie conception de la sécurité n'est pas telle. Les hommes savent maintenant quelle est la vanité de la victoire, et que le succès même le plus complet sur les champs de bataille, laisse les triomphateurs au milieu des mêmes ruines et des mêmes catastrophes que les vaincus.

Ce qu'il faut aujourd'hui, c'est trouver non pas la méthode pour gagner la guerre, mais celle qui *évitera* la guerre, car tous les États, même les vainqueurs, sont également *vaincus par la guerre*. La sécurité est donc le moyen non de l'emporter dans la guerre, mais d'échapper à la guerre. *C'est une assurance mutuelle contre la guerre.*

Et c'est également uue assurance réciproque ; c'est là la seconde idée qui la caractérise.

En effet, pour que la sécurité telle que nous l'avons définie, soit effective, il faut qu'elle puisse garantir également toutes les nations ; faute de quoi, elle manque son but. Les applications pratiques auxquelles elle aboutit doivent convenir à toutes les nations voisines. Sinon, en admettant que la sécurité d'une nation A soit établie contre une nation B, sans que celle de B le soit par rapport à A, B s'inquiètera de sa situation d'infériorité, voudra l'améliorer, aura recours pour cela à tous les moyens, même à la guerre et, faute de sécurité propre, détruira celle même de A.

Ainsi, l'idée de sécurité unilatérale est contradictoire et aboutit nécessairement à sa propre destruction.

Nous pouvons donc à présent définir la sécurité comme *l'ensemble des moyens qui doivent être mis en œuvre pour garantir les Etats contre la guerre, d'où qu'elle puisse provenir.*

Dans les pages qui suivent, nous nous sommes préoccupés d'examiner les divers problèmes diplomatiques qui, pouvant causer des conflits, rendent nécessaires l'application de procédés nouveaux destinés à assurer la sécurité réciproque des Nations. Nous avons volontairement limité notre tâche à l'Europe, laissant de côté les problèmes de la sécurité mondiale et maritime, notamment la question de l'Océan Pacifique. Nous avons eu pour souci essentiel d'envisager, à propos de chaque question, les deux faces du problème, convaincus, que nous sommes que les conflits ne pourront être réglés pacifiquement qu'en donnant à chacun des intéressés les satisfactions auxquelles il a droit, qu'en créant, par là, cet esprit de justice internationale qui doit servir de base même à la sécurité.

LES ÉTATS-UNIS D'EUROPE

LE PROBLÈME DE LA SÉCURITÉ DE 1918 A 1924

Pendant la Conférence de la Paix, le problème de la sécurité européenne fut longuement débattu entre les Alliés, à qui leur victoire militaire avait donné la charge de reconstruire politiquement l'Europe, tout en dressant contre un possible retour du fléau qui venait de la ravager d'infranchissables barrières. Il le fut de deux façons : théoriquement, lors de l'élaboration du pacte de la Société des Nations ; pratiquement, au cours des discussions sur le désarmement de l'Allemagne et le régime du Rhin.

Nous aurons l'occasion, au cours de cet ouvrage, d'examiner les conditions dans lesquelles le pacte de la Société des Nations fut rédigé, et de rappeler la thèse qu'au nom de la France, M. Léon Bourgeois défendit vis-à-vis de nos alliés. On sait déjà quel fut le résultat de cette controverse, et comment M. Lloyd George, préoccupé de fins réalistes, et le président Wilson, confiant dans la vertu de la seule Idée, firent écarter les dispositions qui, en donnant à la Société des Nations une force matérielle, eussent conféré à ses décisions un pouvoir contraignant. Dès le début de 1919, il apparut que, si noble que fût l'idéal qui allait inspirer cette magnifique construction

politique, la Société des Nations ne pourrait pas apporter, au moins dans les premières années de son existence,
des garanties suffisantes de paix, de sécurité, à des peuples
qui venaient d'être si cruellement éprouvés. Les représentants de la France purent affirmer, et les représentants
de ses Alliés durent admettre qu'il serait nécessaire
d'inscrire dans le traité qu'on allait présenter à la signature de l'Allemagne des garanties plus positives et plus
immédiates contre une nouvelle guerre.

Les quatre années que l'on venait de vivre avaient en
effet éclairé les esprits. Avant la guerre de 1914, au temps
de l' « équilibre européen » et de la « paix armée », on pen-
sait s'être suffisamment prémuni contre le danger d'une
guerre en renforçant son armée, et en hérissant son territoire de forteresses. Il fallait épouvanter l'adversaire,
pour lui enlever l'envie de courir sa chance ; et ensuite,
pour le cas où, malgré ces préparatifs tapageurs, il prendrait l'initiative d'un conflit, il fallait s'assurer, par une
meilleure organisation, la victoire avec tous ses bénéfices.

En 1919, certains croyaient encore aux bénéfices,
aux « fruits » de la victoire. Mais personne n'ignorait
plus, hélas, quel prix sanglant ces fruits se paient : il
ne suffisait plus de se prémunir contre une défaite, il
était nécessaire de rendre le combat impossible.

« ... Vu la situation géographique de la France, disait
le gouvernement français aux Alliés dans son mémoire
du 25 février 1919, nous avons deux objectifs également
impérieux : l'un est la victoire, l'autre est la protection

de notre sol. On peut admettre comme certain que, grâce à la solidarité inscrite dans le Pacte de la Ligue, la victoire finale nous appartiendrait dans le cas d'une nouvelle agression allemande. *Mais cela ne suffit pas.* Nous ne voulons pas qu'entre l'agression et la victoire intervienne, comme cela a été le cas en 1914, l'invasion de notre sol, sa destruction systématique, le martyre de nos concitoyens du Nord et de l'Est. C'est contre ce second risque, autant que contre le risque de la défaite, qu'une garantie est nécessaire, garantie que la Ligue ne fournit pas, et qui résultera, au contraire, de la solution proposée par le gouvernement français. »

Jamais, sans doute, l'idée de la guerre ruineuse, désastreuse, que son issue soit heureuse ou malheureuse, n'avait été exprimée par un gouvernement avec autant de force que dans ce mémoire du 25 février 1919. Mais les représentants de la France n'eurent pas la clairvoyance ou l'audace d'aller jusqu'au bout des conséquences de cette conception si juste et de chercher à opposer au fléau autre chose que des obstacles matériels : une organisation politique et juridique nouvelle des relations internationales. « Nous demandons, disaient-ils, contre une Allemagne deux fois plus nombreuse que la France, contre une Allemagne qui, pour longtemps, ne pourra être crue sur parole, nous demandons une garantie d'un autre ordre, *une garantie d'ordre physique.* » Et la seule garantie physique, c'était, aux yeux du gouvernement français, « la garde des ponts du Rhin par une force interalliée. »

**

Au mois de septembre 1921, M. Raymond Poincaré

et M. André Tardieu se heurtèrent assez rudement,
au cours d'une joute épistolaire dans les colonnes du
Temps. L'ancien Président de la République et l'ancien
délégué à la Conférence de la Paix s'efforcèrent, à
grand renfort de documents, lettres, mémoires, notes
d'agenda, de fixer leurs mérites ou leurs responsabilités
réciproques relativement aux garanties de sécurité
accordées à la France par le traité du 28 juin 1919.
Lorsqu'on relit cette controverse, maintenant qu'elle a
perdu son principal intérêt, qui était d'apporter devant
l'opinion des renseignements inédits, on est surtout
frappé de l'accord des deux interlocuteurs pour ne chercher les garanties de la sécurité de la France et de la paix
européenne que dans des mesures politiques et militaires dirigées contre nos anciens adversaires ; ni l'un
ni l'autre ne s'étaient élevés à la conception d'un nouvel
ordre européen, fondé, non plus sur des relations de
vainqueurs à vaincus, sur une politique coercitive,
mais sur un accord volontaire des peuples pour le règlement pacifique de tous les conflits qui pourraient sur-
venir entre eux. Pour M. Poincaré, comme pour M. Tardieu, l'Europe continuait en 1921 comme en 1919, d'être
divisée en deux camps ennemis, et ils n'imaginaient
d'autre protection efficace contre un nouveau conflit
que l'existence entre ces deux camps d'un fossé aussi
large, aussi profond, aussi infranchissable que possible.
Ils ne raisonnaient pas autrement que ne l'avait fait
M. Clémenceau, lorsque, le 29 décembre 1918, il avait
affirmé devant la Chambre son attachement au « vieux
système des alliances », ou que ne l'avait fait le maréchal Foch, commandant en chef des armées alliées,
lorsque, dans sa Note du 10 janvier 1919, il avait posé,

« du point de vue de la *sécurité militaire* des Puissances alliées et associées, le problème des frontières occidentales de l'Allemagne. »

*
* *

« Sécurité militaire » : voilà, en effet, le sens exact que l'on donnait au mot sécurité, lorsqu'on l'employait en 1919. Et dans cette « sécurité militaire », le maréchal Foch voyait moins la protection des frontières propres de la France et de la Belgique, que « la garantie européenne, collective, internationale, nécessaire à l'ensemble des nations qui, après avoir combattu pour le Droit, la Liberté et la Justice, entendent aujourd'hui préparer, sur de nouvelles bases inspirées de ces trois idées, les relations entre les peuples ». Dans des termes sans équivoque, le maréchal Foch précisait sa pensée : « L'Allemagne reste, pour longtemps encore, jusqu'à l'achèvement de sa trasnformation politique et philosophique, une menace redoutable pour la civilisation. Et dans ces conditions, la plus élémentaire prudence impose aux nations alliées, embryon de la Société des Nations, la nécessité de prendre, vis-à-vis d'elle, un ensemble de mesures purement défensives et de précautions de premier plan. Elles témoigneront en même temps, par leur netteté, d'une intention bien arrêtée d'atteindre le but recherché : la Paix, et de mettre l'Allemagne dans l'impossibilité de recommencer une guerre de conquêtes, de reprendre son programme de domination par les armes. »

En conclusion de ces principes, le maréchal Foch demandait le 10 janvier 1919 aux plénipotentiaires des puissances alliées : « 1º d'interdire totalement à l'Allemagne l'accès militaire et la propagande politique dans les pays rhénans de la rive gauche, peut-être même de couvrir ces pays par une zone de neutralisation militaire sur la rive droite ; 2º d'assurer l'occupation militaire des pays rhénans de la rive gauche par des forces alliées ; 3º de garantir aux pays rhénans de la rive gauche les débouchés nécessaires à leur activité économique, en les associant aux autres États occidentaux par un régime douanier commun... » Et le 28 février, le gouvernement français proposait aux Alliés l'insertion dans les préliminaires de paix des décisions suivantes : « 1º La frontière occidentale de l'Allemagne doit être fixée au Rhin ; 2º Les ponts du Rhin doivent être occupés par une force interalliée ; 3º Les mesures ci-dessus ne doivent entraîner, au profit d'aucune puissance, aucune annexion de territoire. »

Nous n'avons pas à faire ici l'historique des longues et difficiles négociations interalliées qui s'ensuivirent. Elles aboutirent, on le sait, à l'inscription dans le Traité de Versailles, en dehors du pacte de la Société des Nations, de trois ordres de mesures imposées à l'Allemagne à titre de garanties de sécurité pour les puissances alliées : les clauses de désarmement militaire, naval et aérien (Partie V, articles 159 à 213), les clauses de démilitarisation des rives du Rhin (articles 42 à 44), et les clauses d'occupation militaire interalliée de la rive gauche de ce fleuve (articles 428 à 432).

Les premières de ces clauses comprennent, en outre, des prescriptions techniques très précises, l'institution des commissions interalliées de contrôle, et l'obligation ultérieure pour l'Allemagne (art. 213) « de se prêter à toute investigation que le Conseil de la Société des Nations, votant à la majorité, jugeait nécessaire. »

D'après les clauses de démilitarisation (*voir Annexe n° 1*), « il est interdit à l'Allemagne de maintenir ou de construire des fortifications soit sur la rive gauche du Rhin, soit sur la rive droite, à l'ouest d'une ligne tracée à 50 kilomètres à l'est de ce fleuve » (article 42). « Sont également interdits, dans la même zone, l'entretien ou le rassemblement de forces armées, soit à titre permanent, soit à titre temporaire, aussi bien que toutes manœuvres militaires de quelque nature qu'elles soient et le maintien de toutes facilités matérielles de mobilisation » (article 43). Et l'article 44, enfin, stipule que « au cas où l'Allemagne contreviendrait, de quelque manière que ce soit, aux dispositions des articles 42 et 43, elle serait considérée comme commettant un acte hostile vis-à-vis des Puissances signataires du présent Traité, et comme cherchant à troubler la paix du monde... »

Quant aux clauses d'occupation, elles autorisent, comme on le sait, les Alliés à occuper pendant une période de quinze ans, à dater de la mise en vigueur du Traité, « les territoires allemands, situés à l'ouest du Rhin, ensemble les têtes de pont ». L'évacuation doit avoir lieu en trois étapes, après 5, 10 et 15 ans d'occupation. Le caractère de cette occupation est nettement défini par l'article 428 : elle sera faite « à titre de garantie d'exécution par l'Allemagne du présent Traité ». Elle n'est donc pas destinée à assurer directement la sécurité des Alliés, mais seulement par ricochet, en contraignant l'Allemagne à exécuter les autres clauses du Traité, démilitarisation et désarmement. Sans doute, l'article 429 indique bien, *in fine*, que si, à l'expiration des quinze

années, « les garanties contre une agression non provoquée de l'Allemagne n'étaient pas considérées comme
suffisantes par les Gouvernements alliés et associés,
l'évacuation des troupes d'occupation pourrait être
retardée dans la mesure jugée nécessaire à l'obtention
des dites garanties. » Mais cette disposition est singulièrement affaiblie du fait de l'article 430, qui, prévoyant
une réoccupation possible des régions déjà évacuées,
ne l'autorise qu'au cas où « la Commission des Réparations reconnaîtrait que l'Allemagne refuse d'observer
tout ou partie des obligations résultant pour elle du présent Traité *relativement aux réparations* ».

*
* *

Lorsqu'elles furent adoptées, toutes ces dispositions
restaient bien en deçà de celles dont le maréchal Foch,
le 10 janvier, le gouvernement français, le 25 février, le
maréchal Foch, une nouvelle fois, en séance plénière
secrète de la Conférence de la Paix, le 6 mai (*voir annexe
n° 2*) (1), avaient demandé l'adoption. Les Alliés, tout
en se refusant à aller plus loin, ne contestèrent pas
qu'elles n'assuraient à la France qu'une protection insuffisante, et le 14 mars, le jour même du retour en Europe
de M. Wilson, le président des États-Unis et le premier
ministre britannique offrirent à M. Clemenceau de donner à notre pays, à défaut de l'occupation définitive de

---

(1) Ce discours du maréchal Foch, dont le texte a longtemps été
caché au public, contient une vigoureuse critique du Traité, à
laquelle M. Clemenceau, président de la Conférence, n'a même pas
tenté de répondre.

la rive gauche du Rhin, une « garantie spéciale » de sécurité.

Si les gouvernements alliés avaient eu, à cette époque, une conception de la sécurité et des moyens propres à assurer la paix en Europe très différente de celle que soutenaient et le maréchal Foch, et M. Clemenceau, et M. Poincaré, ils n'eussent pas manqué de rechercher dans un domaine tout à fait nouveau cette « garantie spéciale ». Mais il est évident que ni M. Wilson, ni M. Lloyd George n'imaginaient une Europe qui ne fut pas divisée en deux groupes de puissances antagonistes, et ils se bornèrent à offrir au président du conseil français l'engagement des États-Unis et de la Grande-Bretagne de se ranger aux côtés de la France au cas où celle-ci serait attaquée par l'Allemagne, c'est-à-dire, en somme, une alliance militaire défensive, et, par certains aspects, conditionnelle. Ce furent les traités signés à Versailles le 28 juin 1919, entre la France et la Grande-Bretagne d'une part, entre la France et les États-Unis d'autre part. Ces instruments diplomatiques stipulaient que dans le cas où les articles 42 à 44 du Traité — démilitarisation de la rive gauche du Rhin — « n'assureraient pas immédiatement à la France la sécurité et la protection appropriées, les États-Unis d'Amérique seront tenus de (la Grande-Bretagne consent à) venir immédiatement à son aide dans le cas de tout acte non provoqué d'agression dirigé contre elle par l'Allemagne. » Ainsi, loin de contester en raison de leur nature la valeur, des garanties de sécurité incluses dans le traité, les États-Unis et la Grande-Bretagne admirent qu'elles étaient restées insuffisantes par suite des tempéraments apportés à l'application des principes posés par le gouvernement français. Ils avaient offert à la France une compensation en prenant un engagement qui, « à la garantie physique réclamée par la France, en substituait une d'ordre politique », comme l'avait remarqué M. Clemenceau dans sa note du 17 mars. Mais ils n'avaient pas modifié au fond les données du problème. Peut-être même pourrait-on soutenir qu'au point de vue de l'évolution du concept de sécurité, les traités franco-britannique et franco-américain du 28 juin 1919 marquaient un recul sur certaines des notions qui peu à peu s'étaient formées et précisées au cours de la guerre. Au moment où les peuples saluaient dans le pacte de la Société des Nations un premier effort d'organisation juridique internationale, ces deux documents perpétuaient le vieux régime des alliances, de ces alliances dont il est toujours sage, à l'heure où on les signe, de prévoir le renversement, de ces alliances qui n'offrent à la guerre, danger éternel, qu'une barrière bien fragile parce que condamnée à s'effondrer aussitôt, si les rencontres d'intérêts qui ont permis de la dresser s'évanouissent.

Mais à peine les traités de garantie eurent-ils été signés, en même temps que le Traité de Versailles, qu'il devint évident qu'ils ne seraient jamais mis en vigueur. Sans doute, les Parlements français et britannique, faisant honneur à la signature des chefs de gouvernement auxquels ils avaient accordé leur confiance, ratifièrent le traité intervenu entre la France et la Grande-Bretagne, et les ratifications furent échangées à Paris le 20 novembre 1919. Mais l'article 2 de ce traité stipulait que, « conçu en termes analogues à ceux du traité conclu à la même date et aux mêmes fins entre la République française et les États-Unis d'Amérique, il n'entrerait en vigueur qu'au moment où ce dernier serait ratifié. »

Or, au moment où le président Wilson faisait accepter de M. Clemenceau, comme une monnaie d'échange, la conclusion d'un pacte de garantie, il était déjà absolument certain que le Sénat américain, résolument opposé dans sa majorité à la politique du chef du pouvoir exécutif, ne ratifierait pas plus ce pacte que le Covenant de la Société des Nations, et, même, le Traité de Versailles lui-même. Les délégués de la France à la Conférence de la Paix ne pouvaient l'ignorer. En particulier, M. André Tardieu devait être mieux que quiconque informé de l'attitude des hommes qui allaient, en définitive, avoir le dernier mot. Jusqu'à la veille de l'armistice, il avait rempli aux États-Unis les fonctions de « Commissaire général des affaires de guerre franco-américaine », et lorsqu'il avait quitté le sol américain, le 9 novembre 1918, les élections du 5 novembre venaient précisément de donner aux adversaires de M. Wilson la majorité dans le Congrès qui devait se réunir en mars 1919. Dès la fin de l'année, les attaques se multiplièrent à tel point, au Sénat américain, contre les conceptions de M. Wilson que « le 2 janvier 1919, M. Brandegee, un sénateur de talent qui devait attirer l'attention sur sa personne dans la seconde phase du conflit avec le Pouvoir Exécutif, fit parvenir à l'ambassade de France vingt exemplaires du *Congressionnal Record* contenant le discours du Sénateur Lodge et autant de brochures reproduisant celui de M. Knox. Il priait en même temps notre chargé d'affaires, M. de Chambrun, de transmettre

ces documents au gouvernement français et d'attirer
son attention sur l'attitude, nettement hostile à la politique du président Wilson, qu'avait adopté le Sénat » (1).

M. André Tardieu, parfaitement conscient de la responsabilité écrasante qu'a encouru la délégation française
à la Conférence de la paix en négociant dans ces conditions
avec le président Wilson, a cependant tenté de l'en
dégager dans son livre sur *La Paix* : « Qu'aurait-on fait
à notre place? Ne pas traiter avec le président Wilson,
répondent mes critiques. Avec qui donc eût-on traité?
Le gouvernement français savait, comme tout le monde,
que, depuis le 5 novembre 1918, M. Wilson avait perdu
la majorité au Congrès, mésaventure qui est advenue à
nombre de ses prédécesseurs, et même au plus grand
d'entre eux, George Washington. Mais il savait aussi
que, malgré cet échec électoral, M. Wilson n'en demeurait
pas moins, jusqu'à la fin de son mandat, le seul organe
constitutionnel avec lequel on pût traiter ; car le président des États-Unis n'est pas responsable devant le
Congrès, mais devant le suffrage populaire... Le reproche
d'avoir « traité avec M. Wilson » est une simple absurdité, comme il serait absurde de reprocher à M. Lloyd
George d'avoir consenti à M. Clemenceau d'importantes
concessions sans prévoir que six mois plus tard, M. Clemenceau serait mis en minorité par M. Deschanel... »
Mais on ne reproche point à M. Clemenceau — ni
à M. Tardieu, si prompt à revendiquer la responsabilité des actes de Versailles — d'avoir négocié avec
M. Wilson. On peut même leur accorder que la cer-

(1) R. de Villeneuve-Trans. — *A l'Ambassade de Washington,
octobre 1917-avril 1919. Les Heures décisives de l'intervention américaine. Les États-Unis et le Traité de Paix.* Paris, Bossard, 1921.

titude de voir un jour la République américaine rejeter le Traité de Versailles et la Société des Nations ne devaient pas empêcher les autres nations de conclure l'un et de créer l'autre. Mais on est en droit de les accuser ou d'avoir fait preuve d'une inqualifiable légèreté, ou d'avoir sciemment trompé la France, en négociant et en signant deux soi-disant Traités de garantie, dont il était certain que l'un ne serait pas ratifié, ce qui rendrait *ipso facto* l'autre nul et non avenu. Il était tellement évident que le Sénat américain ne ratifierait pas le pacte signé par le président Wilson, et ce dernier le savait si bien, qu'il ne fit, après son retour aux États-Unis, aucun effort sérieux pour amener les adversaires de toute intervention à modifier leur point de vue : les masses profondes du peuple américain avaient désavoué nettement l'engagement souscrit envers la France par le chef responsable de la politique des États-Unis, et si légèrement accepté par les délégués français à la Conférence de la Paix.

*
* *

A vrai dire, l'enterrement des deux pactes qui formaient l'indispensable contrepartie des dispositions du Traité de Versailles sur la sécurité française et européenne, ne produisit pas une impression très profonde sur l'opinion de notre pays. Au cours des débats parlementaires qui précédèrent la ratification du Traité du 28 juin 1919, des esprits clairvoyants avaient fait ressortir le caractère particulièrement grave d'une transaction qui nous mettait dans l'entière dépendance d'une assemblée comme le Sénat américain, peu instruite des affaires européennes, et dont les membres, très préoccupés des intérêts immédiats des populations qu'ils représentaient, avaient une crainte instinctive de ce que Washington déjà appelait les « european entanglements ». « Que nous restera-t-il, avaient-ils demandé au gouvernement, si les sénateurs américains, dont vous connaissez bien l'hostilité envers la Société des Nations et la politique européenne du président Wilson, ne ratifient pas le pacte ? » Et M. Clemenceau, à cette question, avait brutalement répondu : « Rien ! »

Lorsqu'il fut acquis que, selon le mot du négociateur responsable de la paix, il ne restait *rien* à la France, des hommes politiques, des diplomates, des journalistes, démontrèrent sans peine que la protection qui lui était assurée par les seules clauses du traité était assez illusoire, et que la charge de pourvoir à sa sécurité, dont les grands pays qui avaient fait et gagné la guerre avec elle paraissaient se désintéresser, lui incomberait exclusivement. Mais, en dépit de ces campagnes, l'opinion publique ne réagit que faiblement ; mal instruite des multiples stipulations d'un Traité dont l'élaboration lui avait été soigneusement dissimulée, elle demeura sans inquiétude, persuadée que l'Allemagne, battue, désarmée, occupée, surveillée étroitement, était rendue inoffensive. Il devait falloir de longs mois, de multiples déboires, pour que la vérité apparut, bribes par bribes, aux yeux des moins enclins à s'alarmer.

Il n'est pas certain, toutefois, que cette sorte d'aveuglement, fait pour une grande part d'une fatigue désenchantée, ait été, en définitive, défavorable au bon règlement de ce problème de la sécurité, qui aujourd'hui préoccupe si vivement tous les Français, à quelque milieu ou à quelque parti politique qu'ils appartiennent.

Si le peuple français avait, en 1919 et en 1920, clairement aperçu la situation tragique où l'avait placé l'imprudence des négociateurs de la paix, et s'il avait voulu trouver sur-le-champ le moyen de compléter les insuffisantes garanties de sécurité qui lui avaient été octroyées, il se serait heurté à un mur. Et peut-être aurait-il été jeté, par le fait même d'une situation inextricable, dans une politique d'armements à outrance et d'alliances militaires.

Qu'une telle politique ait été conçue par certains hommes d'État et par certains diplomates, cela n'est pas douteux : trop de faits en portent le témoignage. Mais jamais l'opinion, dans son ensemble, n'a encouragé, ni même souhaité l'emploi de méthodes de ce genre pour la protection de la paix, et c'est sa réserve à l'égard de certaines tentatives, ou même son opposition affirmée, qui empêchèrent que celles-ci ne fussent poussées à fond. Ainsi, l'indolence dont firent preuve les Français, après les sanglantes fatigues de la guerre et les énervantes attentes d'une paix larvée, l'espèce de moratoire qu'ils se consentirent à eux-mêmes pour différer la solution du redoutable problème de la sécurité et de la protection de la paix, permirent la nécessaire évolution de la conception fondamentale de cette sécurité, française et européenne.

Durant ces années troubles, où des soucis matériels immédiats pesaient sur les peuples européens avec une force qui absorbait toute leur attention, un lent travail se fit dans les cerveaux, qui devait amener en fin de compte la substitution à la notion de sécurité telle qu'on la comprenait avant la guerre — maintenir la paix en faisant redouter à l'adversaire éventuel, par l'étendue de ses armements et le nombre de ses alliances, une défaite rapide — de notre conception actuelle de la sécurité, née de cette constatation, si chèrement payée, que la guerre est également désastreuse pour le vainqueur et pour le vaincu : protéger la paix en écartant toutes les possibilités de conflit, et en prenant par avance les dispositions nécessaires pour que tout conflit, s'il devait s'en élever un entre deux ou plusieurs puissances, fut réglé soit à l'amiable, soit par une procédure juridique contraignante.

Si, en 1919, en 1920, en 1921, le peuple français avait eu une conscience aiguë de l'état d'insécurité où il restait pour l'avenir, après tant d'horribles sacrifices, et s'il avait voulu modifier à tout prix, sans retard, un état de choses si gros de dangers futurs, qu'aurait-il pu faire? Aucune campagne d'opinion, aucune pression diplomatique n'auraient pu faire revenir le Sénat et le peuple américains sur leur irréductible hostilité à toute participation aux systèmes d'alliance européens. Ni la Grande-Bretagne, ni surtout l'Empire britannique dans son ensemble, n'étaient disposés à signer avec la France les accords diplomatiques et militaires précis qui, en rendant automatique la coopération éventuelle des forces anglaises et françaises, eussent évité le renouvellement des incertitudes des derniers jours de juillet 1914.

Quant aux procédures d'assistance et d'arbitrage que le pacte de la Société des Nations contenait en germe, le moment n'était pas venu de les préciser dans des textes juridiques impératifs ; l'eût-on essayé, alors que l'Europe était encore frémissante des souvenirs de la guerre, que ces textes, en dépit des efforts prévoyants de quelques hauts esprits, eussent été moins l'expression du droit, arbitre impartial entre toutes les puissances humaines, que des actes diplomatiques, destinés à forger au groupe des puissances représentées à la Société des Nations une cuirasse contre les attaques possibles du groupe des autres puissances, celles qui, après avoir déchiré la paix et perdu la guerre, n'étaient pas encore admises dans la Société organique des peuples.

*
* *

Rien de moins surprenant, au surplus, que cette méconnaissance quasi générale du problème capital de l'après-guerre, le problème de l'organisation juridique de la paix. En 1919, en 1920, l'Allemagne battue, gisait à terre. Epuisée par les privations que lui avait imposées le blocus économique plus encore que par son effort militaire, elle se reprenait à peine à respirer, comme un noyé qui revient à la vie. Les Français, trop rares, qui voyageaient en Allemagne, voyaient un peuple qui n'avait plus d'armée, dont le matériel économique était à peu près hors d'usage, et qui n'avait qu'une pensée, se ravitailler, recommencer à produire, recommencer à vendre.

La misère des masses laborieuses était extrême. En 1920, on souffrait encore de la faim dans les faubourgs de Berlin. Les travailleurs, qui n'avaient connu de la guerre que les privations et la mort, ne songeaient plus qu'à vivre, sans souci du lendemain ; aucune préoccupation politique à lointaine échéance ne pouvait les atteindre. Le vieux personnel militariste et pangermaniste avait été emporté dans la tourmente, les socialistes étaient au pouvoir. N'était-ce pas le temps — 15 octobre 1921 — où le Kronprinz, écrivant du fond de son exil à son ancien professeur Zorn, conseillait à ses partisans de se rallier

à la République ? « L'Assemblée nationale élue par le
peuple allemand, disait-il, s'est déclarée à la majorité
en faveur de la République. La constitution de Weimar
— malgré toutes les objections qu'on peut lui opposer —
est donc un fait... Aujourd'hui, un régime ne peut assurer
la prospérité d'un peuple que s'il s'appuie sur une constitution approuvée par la majorité de ce peuple... »

Les armées alliées occupaient, avec un appareil militaire considérable, la rive gauche du Rhin, et, sur la rive
droite, les têtes de pont. L'armée allemande, démobilisée,
avait dû livrer à ses vainqueurs presque tout son matériel
et les missions interalliées de contrôle circulaient sur
tout le territoire du Reich, surveillant l'exécution des
stipulations spéciales du Traité, inspectant casernes,
usines, arsenaux, faisant détruire les forteresses, les
fabriques d'armes et d'artillerie. En dépit de toutes les
résistances, à la fin de 1921, la mission interalliée de
contrôle avait obtenu la transformation de l'armée,
avait fait livrer ou détruire des milliers de canons et de
mitrailleuses, des millions d'armes portatives à feu et
d'armes blanches. Les grandes usines de produits chimiques, celle de Ludwigshafen, celle de Lewerkusen, étaient
en territoire occupé, sous notre main. Essen était à portée
des canons lourds français, anglais et belges. L'Allemagne
n'avait plus de marine de guerre, plus de colonies. Ses
bases de sous-marin étaient détruites, ses arsenaux
fermés, ses chantiers de construction étroitement sur-
veillés. Elle n'avait plus de zeppelins, plus d'aviation
militaire.

C'étaient là des faits visibles, évidents pour le spec-
tateur le moins attentif. Comment le public aurait-il pu
penser qu'ils ne représentaient qu'un aspect passager

des choses, et que tous les dangers si laborieusement écartés pourraient renaître un jour, parce qu'il manquait dans un traité de 440 articles, deux ou trois phrases essentielles ?

Et puis, des préoccupations plus immédiates assaillaient tous les esprits, dans l'Europe entière. Après le grand « boom » de 1919, et la fièvre d'affaires qui avait donné le vertige au monde, la catastrophe économique de 1920, venue en raz-de-marée du Japon à travers les États-Unis, avait balayé comme un château de cartes cette prospérité qu'on croyait définitivement retrouvée. La fermeture des grands marchés mondiaux avait provoqué un écroulement foudroyant des prix. A la folie de production succédait l'arrêt presque total des plus grandes industries. Les fermiers américains ne trouvaient plus d'acheteurs pour leurs blés. Des millions d'ouvriers britanniques chômaient dans une misère affreuse. Les unes après les autres, les grandes entreprises de commerce maritime sautaient ou échappaient à grand peine à la faillite.

La France, engagée à fond dans la reconstruction de ses régions dévastées, lancée dans la politique financière du moindre effort par la promesse : « L'Allemagne paiera... », se réveillait brusquement avec des dépenses énormes, des recettes presque nulles, une balance commerciale dont le déficit se chiffrait par milliards, une dette intérieure et extérieure écrasante, alors que dans leur impéritie, ses gouvernants ne savaient que répéter sans cesse, comme une incantation magique : « L'Allemagne doit payer. »

Par une revanche brutale, excessive, des faits, les problèmes économiques, méconnus avec une légèreté cri-

minelle par les négociateurs de 1919, passaient au premier
plan de toutes les préoccupations. Ils allaient absorber
l'attention des peuples, et l'activité, trop longtemps
ignorante et désordonnée, des diplomaties et des gouvernements. La sécurité? La paix? On verrait plus
tard. *Primum vivere.*/Pendant quatre années, le monde
n'allait se soucier que des réparations, de la restauration
financière, de la reconstruction économique de l'Europe.

Si maintenant que les questions de sécurité sont
revenues au premier plan, on doutait qu'elles aient pu
être aussi complètement négligées de 1920 à 1924, qu'on
prenne, pour un moment quelconque de cette période,
la collection d'un grand journal européen, le *Petit Pari-
sien*, le *Times* ou la *Frankfurter Zeitung*, par exemple :
on y trouvera d'innombrables articles sur le règlement des
problèmes des réparations, sur la crise financière allemande, sur la reconstruction de l'Europe ; on n'y trouvera rien, ou presque rien, sur la sécurité européenne,
et l'organisation de la paix. Voici deux faits précis, caractéristique de cette véritable « ère des réparations » qu'a
connue l'Europe. La table annuelle de la revue l'*Europe
Nouvelle*, qui, pour 1924. contient plusieurs paragraphes
entièrement consacrés à « la Sécurité », ne citait en 1923
sur le même sujet que deux ou trois articles perdus dans
deux longues colonnes de titres de travaux sur les Réparations. Qu'on relise d'autre part la si remarquable
enquête sur « La politique d'aujourd'hui » publiée en
1923 par deux de nos plus lucides écrivains politiques,
malheureusement disparus tous les deux, Alfred de Tarde
et Robert de Jouvenel : on n'y rencontrera pas une fois le
mot « sécurité » dans le sens où nous l'entendons ici, on
n'y trouvera pas une allusion à l'organisation politique et

juridique de la paix. Ces deux esprits pénétrants avaient fait le tour de tous les problèmes que leur paraissait poser la situation intérieure et extérieure de la France ; ils avaient longuement étudié les aspects économiques et financiers de l'après-guerre ; ils n'avaient même pas pensé à la question qui apparaît maintenant comme essentielle entre toutes.

Du fait que le problème de la sécurité n'ait pas été, loin de là, au premier plan des préoccupations de l'opinion publique de 1920 à 1924, il ne faudrait cependant pas en conclure qu'il ait été complètement négligé. A plusieurs reprises, les gouvernements français et anglais, dans des circonstances que nous rappellerons plus loin, l'ont soulevé, et l'on sait, en particulier, que le nom de M. Briand reste attaché à la tentative la plus précise qui ait été faite, au cours de cette période d'incertitude et d'hésitations, pour rapprocher les points de vue de la France et de la Grande-Bretagne en matière de sécurité et pour renouer les liens qui les unissaient à la fin de la guerre. Mais si intéressants qu'aient pu être ces efforts, ils ne se sont jamais produits que comme des conséquences d'une situation politique où l'idée de l'organisation de la paix restait au second plan.

Lorsque M. Briand, à la Conférence de Washington, le 12 novembre 1921, posait clairement le dilemme de la sécurité française — ou un système interallié de garantie, ou le maintien d'une organisation défensive capable de se suffire à elle-même — c'est qu'on venait précisément de demander à la France de réduire ses armements et de comprimer encore ses effectifs. Lorsque, le 11 janvier 1922, M. Lloyd George remettait à M. Briand un projet de traité franco-britannique de garantie, c'est que, préparant la conférence de Gênes, il considérait les préoccupations de la France comme un des obstacles principaux à la réalisation de ses idées sur la reconstruction économique de l'Europe. Lorsque le marquis Curzon, dans la note qu'il adressait le 20 juillet 1923 au gouvernement français, posait la question de la sécurité, ce n'était que dans une incidente, et avec l'espérance de faire joindre ce problème, au cours d'un examen général, au problème, alors si pressant, des réparations et de la Ruhr. Lorsque le chancelier Cuno, en décembre 1922, puis M. Stresemann, en mars et juin 1923, faisaient proposer ou proposaient à la France un « pacte rhénan », c'était, soit pour tenter de prévenir l'occupation imminente de la Ruhr, soit par crainte du mouvement séparatiste ou au moins autonomiste que la pression franco-belge, et surtout le désordre effroyable créé par l'inflation désordonnée, avaient fait naître en Rhénanie.

A la vérité, durant toute la période qui s'est écoulée de la signature de la paix de Versailles au renversement de politique qui a suivi en France les élections générales du 11 mai 1924, on a continué d'évoquer, de temps à autre, le problème de la sécurité ; mais il ne s'est jamais trouvé au premier plan des préoccupations politiques, sauf peut-être pour certains des États de la Petite-Entente, et on n'a jamais eu le sentiment qu'il fût urgent de lui donner une solution complète. C'est seulement vers la fin de l'année 1923 et dans les premiers mois de 1924 que, l'Allemagne ayant opéré, par la création du Rentenmark et l'arrêt des émissions de bons du Trésor et de papier-monnaie, le redressement de sa situation financière, on a compris qu'après la

restauration de ses forces économiques et la disparition des troubles sociaux et politiques qui avaient failli
la déchirer dans l'été de 1923, elle pourrait avoir le
désir de prendre sa revanche de sa défaite de novembre
1918, si l'état de malaise où se trouvait alors l'Europe
devait, en se perpétuant, lui fournir une occasion favorable. On ne s'inquiétait pas de l'Allemagne faible et
ruinée ; il fallut que l'Allemagne, ses finances mises en
ordre, ait retrouvé peu à peu ses forces pour que l'on
imaginât que la paix de l'Europe pourrait être un jour
menacée à nouveau.

En septembre 1924, lors de l'Assemblée de la Société
des Nations, les gouvernements des états membres de la
Société, et en particulier de la France et de la Grande-
Bretagne, s'attaquèrent au problème de la sécurité,
considéré non plus comme le problème de telle ou telle
frontière, mais, dans toute sa complexité et sa généralité,
comme une question qui intéressait au même titre tous
les peuples européens. Au cours des mois précédents,
lors de la visite que M. Édouard Herriot, président du
Conseil et ministre des Affaires Etrangères, fit à M. Ramsay Mac Donald, premier ministre de Grande-Bretagne,
à Chequers, le 27 juin et, lors des discussions qui eurent
lieu, en marge de la Conférence de Londres, sur le
nouveau régime de la rive gauche du Rhin, le désarmement de l'Allemagne et l'évacuation de la zone de
Cologne, s'était précisée peu à peu la doctrine de sécurité qui allait être formulée dans le protocole de Genève.
Elle tenait dans le rapprochement des trois idées essentielles de désarmement, d'arbitrage et de sécurité, et
dans ce principe que la sécurité ne peut pas être cherchée
seulement pour un État ou un groupe d'États contre un

autre État ou un autre groupe d'États, mais qu'elle doit
l'être pour tous les États ; que la sécurité ne peut être efficace, que si elle est générale. Appliquée au cas particulier de la France, ce principe sjgnifiait que sa sécurité
devait être cherchée dans des accords internationaux
et non pas sur le Rhin, sur la rive gauche du Rhin,
comme une certaine politique, comme certaines atti-
tudes que nous allons examiner avaient tenté jusqu'alors de le faire croire.

II

LE PROBLÈME DU RHIN

Le Rhin ? La frontière du Rhin ? La possession de la rive gauche du Rhin ? Etaient-ce là des revendications essentiellement françaises ?

Tout Français, dès l'école, a appris quelles étaient les « frontières naturelles » de la Gaule. L'opinion publique ne fut donc pas émue, lorsque, au cours de la guerre, des historiens et des hommes politiques, songeant à la paix désirée, proclamèrent que « nous devons la frontière du Rhin à la sécurité de la France » (1). Les livres abondent où, grisés par des succès militaires, les écrivains les plus sincères essaient de justifier par des arguments historiques périmés un rêve d'annexion hérité du romantisme (2). Maurice Barrès ose même proclamer à la veille de la paix, que la « reprise » de la rive gauche du Rhin serait un acte de justice : « Au nom même de la justice, il est nécessaire de rendre à la France ce qui lui appartient légitimement... La France qui renoncerait

(1) F. Frenck-Brentano, *La France sur le Rhin*. Paris, 1919, p. 492.
(2) Cf. en particulier, Camille Jullian, *Le Rhin gaulois*. Paris, 1916. — Babelon, *Le Rhin dans l'histoire*. Paris, 1917, etc., etc.

au Rhin signerait son abdication. » Mais l'activité de la *Ligue des Patriotes* et du *Comité de la Rive Gauche du Rhin* ne correspondait pas au sentiment profond de la population ni aux désirs du gouvernement. Les articles parus dans la presse à ce sujet ne servirent qu'à éveiller les soupçons des négociateurs anglais et à rendre plus difficile la tâche de nos représentants au Congrès de la Paix.

Par ailleurs l'idée du démembrement de l'Allemagne, nécessaire à la sécurité de la France, a toujours eu des défenseurs dans tous les partis. Cette idée fut accaparée par les partis de droite le jour où l'on comprit qu'une solution de pure force était impossible. La politique rhénane de Maurice Barrès (1) ne vit dans la *latinisation* des territoires occupés que le premier stade d'un retour aux Allemagnes de jadis.

Le gouvernement français n'adopta ni l'une ni l'autre de ces thèses et ne sut pas fixer sa politique rhénane. Les instructions données à nos représentants dans les territoires occupés, les déclarations de nos généraux, l'appui militaire et financier donné aux séparatistes prouvent cependant que l'idée de Maurice Barrès a séduit un moment les milieux officiels. Il a fallu que les faits en prouvassent l'inanité pour que le rêve d'une moderne Lotharingie fût définitivement abandonnée.

Dès 1916, les gouvernements s'étaient préoccupés de songer aux garanties de sécurité que devait offrir sur le Rhin le traité de paix. A la conférence de Paris (27-28 mars 1916) on avait abouti à une «entière communauté

(1) Cf. Maurice Barrès, *La politique rhénane*. Paris, 1922.

de vues », qui accordait à la France une complète liberté pour fixer sa frontière orientale, moyennant quoi la question polonaise serait exclue de toute discussion internationale au bénéfice de la Russie tsariste (1). Au cours de sa mission en Russie, M. Doumergue soumit au tsar le désir de la France d'amputer l'Allemagne de la rive gauche du Rhin ; il obtint son adhésion en promettant que la France soutiendrait la Russie dans ses revendications sur les îles Aland et les Détroits. L'accord fut conclu en février-mars 1917 sur les bases de la note du 1er-14 février 1917 (Cf. annexe n° 3). Mais le 12 mars, le peuple russe se soulevait et trois jours après le gouvernement impérial n'existait plus.

Dans son livre *La Paix*, M. André Tardieu a retracé le cours des négociations qui aboutirent à l'*Arrangement rhénan*. Les documents publiés dans le Livre Jaune de 1924 permettent aujourd'hui de comprendre les divergences de vues qui ont existé, alors, entre les Alliés et la France, d'une part, entre le Gouvernement et le maréchal Foch, d'autre part. Après avoir réclamé une Rhénanie indépendante, incorporée dans le système militaire français, le maréchal Foch n'a plus exigé qu'une occupation militaire des *ponts* du Rhin. Se heurtant au cours de toutes les conversations à des résistances anglaises, nos négociateurs n'obtinrent enfin qu'une occupation militaire temporaire, telle qu'elle est définie par les articles 42 à 44 du traité de Versailles : démilitarisation de la rive gauche du Rhin et de 50 kilomètres sur la rive droite,

(1) Cf. à ce sujet le télégramme confidentiel n° 948 de M. Sazonoff à M. Isvolsky (Manchester Guardian du 12-12-17) où apparaît dans une lumière émouvante tout l'égoïsme tsariste.

casus belli si l'Allemagne contrevient à cette première disposition (*voir le texte des articles en annexe*).

**

Quand les troupes alliées vinrent occuper les territoires de la rive gauche du Rhin, les populations les accueillirent sans aucune haine et parfois même avec sympathie. Cette présence les préservait de la famine et de la révolution. Conformément à l'armistice, et, plus tard, conformément à l'Arrangement rhénan, la vie politique et administrative du pays devait continuer normalement.

La politique anglaise fut de se conformer strictement aux termes du Traité. Elle réussit, puisque les Anglais ne se trouvèrent aux prises avec aucune difficulté et qu'ils furent traités en *amis*. Ils se sont contentés de faire une intense propagande économique, allant même jusqu'à créer une ligne d'avions Cologne-Londres.

La politique belge fut d'abord une politique d'attente, mais se confondit après l'annexion d'Eupen et de Malmedy avec la politique française.

Dès l'armistice, les généraux français voulurent jouer un rôle politique. Cependant, le 1er février 1919, les Allemands catholiques eux-mêmes songeaient à créer déjà, dans le cadre du Reich, une République Rhénane, présidée par M. Adenauer, oberbourgmestre de Cologne. Ce projet fut entravé par les socialistes, par peur du péril clérical, et par le Gouvernement central, par peur des menées françaises. *Si, à ce moment, le Gouvernement français avait posé franchement la question, au lieu de* caresser de folles espérances, le problème de la sécurité aurait pu être définitivement résolu.

Mais le contrôle des administrations civiles était alors aux mains des armées. Le maréchal Fayolle, commandant le groupe d'armées, laissait agir à leur gré ses deux commandants d'armée. Le 1er juin 1919, tandis que le général Mangin soutenait à Mayence la République Rhénane de Dorten, appuyée, soi-disant, sur les partis catholiques, le général Gérard soutenait à Landau la République Palatine de Haas, appuyée, soi-disant, sur les partis de gauche. Ces deux révolutions tombèrent immédiatement dans le plus profond ridicule. Les Anglais et les Américains réclamèrent que le Général Mangin, en raison de son attitude, n'exerçât pas les fonctions de généralissime, et obtinrent la création d'une « Haute Commission Interalliée des Territoires rhénans » qui fut, au terme de l'arragement rhénan du 28 juin 1919, « le représentant suprême des Puissances alliées et associées dans les territoires occupés ». La Haute Commission est entrée en fonctions le 10 janvier 1920. L'illusion séparatiste tomba dans l'oubli.grâce à la politique réaliste préconisée par le ministère Briand. Pourtant, dès l'été de 1921, Josef Smeets, grâce aux subsisdes des milieux nationalistes belges et français, grâce aussi aux subventions du Haut Commissariat français, commença à agir à Cologne et y créa un nouveau journal et un nouveau parti séparatistes. Smeets, suivi seulement par quelques centaines de personnes sincères, fut poursuivi par les autorités allemandes. Après quelques réunions à Bonn et à Aix-la-Chapelle — dont les comptes-rendus donnèrent lieu dans la presse française aux exagérations les plus dangereuses — Smeets fut arrêté à Cologne le

4 décembre 1921 et inculpé de haute trahison. Il réclama la protection de la Haute Commission. A la suite de la campagne menée par les journaux de droite et d'une démarche de MM. Barrès et Galli, le Gouvernement français donna ordre à M. Tirard de faire relâcher Smeets. *Ce fut la première fois qu'en Rhénanie le Haut Commissaire français prit l'initiative d'une mesure contre laquelle s'étaient élevés officiellement le Haut Commissaire britannique et le général Allen, au nom des Etats-Unis.* Pour protéger un mouvement créé par les partis réactionnaires français, le Gouvernement français renonçait à l'union avec les Alliés en territoire occupé. En 1922, fort de l'appui officiel dont il est désormais assuré, Smeets continue sa propagande, tandis que Dorten rentre en scène. Chacune des réunions qu'ils organisent se passe dans l'indifférence générale : la population sait qu'ils sont à la solde de la France, des publicistes français et belges ne manquant jamais d'apparaître aux côtés des séparatistes, de prendre la parole dans leurs meetings, de publier les récits les plus mensongers et les plus enthousiastes.

En janvier 1923, l'occupation de la Ruhr allait singulièrement embrouiller les choses. Par suite de la résistance passive, les autorités françaises et belges prenaient en main l'organisation des transports et la direction de la police.

Un attentat est organisé à Cologne contre Smeets. Son beau-frère est tué, Smeets grièvement blessé (17 mars 1923). Les autorités anglaises prennent des mesures de rigueur et l'opinion française s'émeut à tort. Cependant, un nouveau parti plus actif, le *Frei Rheinland*, est fondé à Bonn par Matthes en août 1923, grâce à des subsides venus de Belgique et de l'État-Major français de Düsseldorf, grâce aussi à l'appui d'agents provocateurs du *Heimatdienst*. Ce parti négocie avec les autorités françaises, achète des armes et organise des réunions pour lesquelles la régie franco-belge crée des *trains spéciaux gratuits*. Les séparatistes sont plus que jamais regardés comme de vulgaires agents de l'étranger par toute la population.

Après une réunion à Düsseldorf, suivie de troubles qui nécessitent l'entrée en action de nos troupes, après un congrès à München-Gladbach, on apprend enfin que la *République Rhénane* est proclamée à Aix-la-Chapelle le 20 octobre.

Une bande d'insurgés *armés et soutenus par les Belges* s'étaient en fait emparés de la préfecture d'Aix. L'intervention du Consul d'Angleterre et la décision du Haut Commissaire de Belgique de s'en tenir strictement aux droits que lui conférait l'arrangement rhénan mirent fin à de sanglantes batailles entre les séparatistes et la police allemande. L'armée séparatiste (à peu près un millier de repris de justice, venus de la Ruhr ou de Pologne) se répandit alors en zone française.

Malgré les protestations véhémentes de la population, malgré les démarches des fonctionnaires, des conseillers municipaux et des députés, les autorités françaises refusèrent de désarmer ces bandes, et les troupes françaises, dans toutes les villes, à Düren, à Bonn, à Ems, à Coblence, à Worms, à Wiesbaden, à Mayence, etc... les aidèrent *par la force* à s'emparer des monuments publics. La vie fut arrêtée en maints endroits. Dans le Palatinat, le général de Metz, délégué supérieur, prétendit imposer un vote à la Diète palatine qui lui infligea un démenti à l'unanimité. Les excès les plus graves furent commis.

4

Il y eut des morts. Si les troupes françaises ne les eussent protégés, tous les séparatistes auraient été lynchés en quelques heures.

Cependant, M. Poincaré déclarait, à la tribune de la Chambre, que nous restions délibérément neutres. Les Belges, eux, renonçaient à protéger un tel mouvement et les Anglais envoyaient M. Clive, consul à Münich, faire, en Palatinat, une enquête dont les conclusions furent la condamnation formelle de notre attitude. Petit à petit, nous étions obligés d'abandonner ouvertement les séparatistes et de les contraindre à la fuite.

Il fallut, pour rétablir l'ordre en Rhénanie, que les accords de Londres, enfin conclus, apaisassent les haines. Depuis 1924, les autorités françaises en territoire occupé ont reçu l'ordre de se conformer à la lettre et à *l'esprit* de l'arrangement rhénan.

LA SOLUTION

Ainsi le problème rhénan n'a jamais été posé sincèrement par la France depuis 1919. Bien plus, il y a eu de flagrantes contradictions entre les déclarations officielles des gouvernements et la politique pratiquée tant par les autorités civiles que par les autorités militaires des territoires occupés. La France avait ainsi perdu la confiance des populations et suscité la méfiance de ses Alliés. C'était à juste titre que le *Sunday Times* pouvait écrire le 13 janvier 1924 : «Les Français sont les défenseurs passionnés du traité de Versailles, sauf là où ce traité oublie de marquer le Rhin comme frontière permanente entre la France et l'Allemagne. *C'est là, en réalité, la racine de toutes les difficultés.* » En réglant à Londres le dangereux problème des réparations, M. Herriot a prouvé au monde que la France n'était plus aveuglée par le ressentiment. Mais le problème de la frontière militaire entre la France et l'Allemagne restait à résoudre. Il fallait regarder la réalité en face, sans se laisser aveugler par des préjugés historiques, par un vain désir de prestige ou par l'argument militaire d'un jour. Toute solution de la question rhénane qui eût laissé la France seule en face de l'Allemagne n'eût été qu'une dangereuse illusion. Il fallait résoudre le problème sur le plan international par un contrat, accepté par les deux parties, tel qu'il est désiré par l'unanimité des populations qui sont les premières intéressées dans le conflit.

Le traité de Versailles a essayé de résoudre le problème du Rhin en posant le principe d'une occupation militaire liée au désarmement de l'Allemagne. Le jour où le désarmement et l'exécution des clauses concernant les réparations auront permis l'évacuation, les pays rhénans doivent, selon le traité, rester démilitarisés sous le contrôle de la S. D. N. C'est dans l'organisation de ce contrôle que réside toute la difficulté.

Il faut avoir aujourd'hui le courage d'affirmer que l'occupation militaire des pays rhénans, de la façon dont elle a été réalisée, n'a jamais eu qu'une valeur symbolique.

Un général, commandant un corps d'occupation, disait un jour : « L'armée du Rhin est placée comme pour faire la guerre à la France ! » Sous cette boutade se cachait la plus sévère des critiques. Au lendemain de l'armistice, l'État major général, traçant au compas sur la carte, sans aucun souci des réalités géographiques, les limites schématiques des têtes de pont, a dressé le plan militaire de l'occupation dans l'ivresse de la victoire. Les états-majors et les quartiers généraux et les services de l'arrière se sont établis, en *première ligne*, dans les villes les plus luxueuses, pour que les chevaux pussent boire où Blücher et Hoche étaient passés, pour que les salons jadis impériaux connussent le faste des uniformes clairs. Il eût été plus sage de réaliser l'organisation en profondeur conforme aux règles les plus élémentaires de la stratégie ; on n'eût pas perdu de vue ainsi que le premier rôle de l'armée du Rhin, en cas d'attaque, eût été de servir de couverture à la mobilisation française. Ces faits du moins nous permettront, le jour où les pays rhénans seront évacués, d'avoir plus de confiance dans une neutralité contrôlée que dans une occupation à la mode coloniale (1).

Il faut affirmer aussi que, par son existence même, cette occupation militaire a rendu vaine toute tentative de rapprochement dans les pays rhénans. Sans se laisser éblouir par les statistiques officieuses et les comptes-rendus de journalistes qui ont été promenés dans des automobiles officielles, il est facile de comprendre pourquoi la pénétration intellectuelle, la pression administrative devaient fatalement éveiller les susceptibilités d'une population sur laquelle pèsent les lourdes charges d'une occupation étrangère (*voir Annexe 5*). Fermes et justes, mais délibérément neutres en ce qui touche la politique intérieure de l'Allemagne, les Américains ont réussi à Coblence puisque « arrivés en ennemis, ils sont repartis en amis » (2). Bercés par les rêves lointains de

(1) Cf. la note au sujet de l'Armée du Rhin, *Annexe n° 4*.
(2) Cf. Général Allen, *Mon agenda rhénan*, édition allemande. Ed. Gobbing, Berlin, 1923, p. 378.

l'épopée napoléonienne, il est regrettable que les gouvernements français, que l'attitude de nos Alliés eût dû faire réfléchir, aient préféré le luxe d'une propagande sans espoir et sans aucun but politique avoué, à la discussion franche et précise avec nos alliés et nos ennemis d'hier. Mais aujourd'hui les représentants de la France ont prouvé à Genève et à Locarno que l'occupation n'est pas un but, mais une solution provisoire.

Le contrôle politique et administratif va disparaître. Les pays rhénans sont allemands et veulent rester allemands. Les mouvements séparatistes ont sombré dans le ridicule ou dans le sang, retardant et peut-être arrêtant définitivement une évolution de l'Allemagne dans le sens fédéraliste. Le contrôle de la S. D. N. qui se substituera au contrôle interallié consistera en un droit de regard sur la police, sur les voies et communications et sur les associations. Exercé par une Commission internationale peu nombreuse, sans aucune charge pour l'habitant, un tel contrôle serait accepté par la population rhénane. Il constituerait à la fois une garantie de sécurité pour la France et pour l'Allemagne puisqu'il relèverait directement de la S. D. N., et qu'il entraînerait une démilitarisation de la frontière, vérifiée en permanence par un organisme international.

Les menus incidents dûs à l'occupation et la terreur séparatiste de 1923 ont suscité des passions violentes. Mais le temps émousse tous les sentiments et la politique pacifique de la France depuis les élections de 1924 contribue au rapprochement franco-allemand, à l'apaisement rhénan. L'humour du gamin de Cologne, l'aménité du Hessois et la légèreté palatine se marient à grand peine avec la haine. Les populations rhénanes ne con-

servent de la méfiance que pour tout ce qui vient de
France avec une estampille officielle.

Cependant une tendace profonde se discerne au fond
de toutes les œuvres littéraires ou artistiques, dans le
mouvement philosophique, dans les manifestations politiques même qui ont marqué depuis deux ans la vie
rhénane. Les marches occidentales de l'Allemagne,
proclame-t-on, ont une mission européenne à remplir.
Dans ce couloir où se dressent les plus belles cathédrales
de Germanie, vient souffler l'air de Rome. Le rhénan
emprunte d'abord au catholicisme ses désirs de pacification internationale et prétend opposer aux théories
pessimistes de décadence venues de l'Orient, le rêve
d'un Occident revivifié où chaque peuple aurait sa place.
Ce n'est pas lui qui sera donc un obstacle aux tentatives
de rapprochement franco-allemand et de désarmement.

III

LE DÉSARMEMENT DE L'ALLEMAGNE
DE 1918 A 1925

Par ses articles 160 à 213, le Traité de Versailles imposait à l'Allemagne un désarmement à peu près complet, en ne lui laissant que les forces indispensables au maintien de l'ordre dans le pays, au cours d'une période troublée.

A partir du 31 mars 1920, la totalité des effectifs allemands ne devait pas dépasser le maximum de 100.000 hommes dont 4.000 officiers. L'importance du matériel et de l'armement était limitée par des tableaux annexés à la Section I de la partie V du traité. La fabrication des armes, des munitions et du matériel de guerre n'était admise que dans des usines et fabriques connues des puissances alliées et autorisées par elles. Tous les autres établissements « ayant pour objet la fabrication, l'emmagasinage ou l'étude des armes, munitions ou matériel de guerre quelconques » devaient être supprimés. La fabrication des « gaz asphyxiants, toxiques ou similaires, ainsi que de tous liquides, matières ou procédés analogues » était « rigoureusement » interdite.

Le service militaire universel obligatoire était aboli, et l'armée allemande devait être recrutée uniquement par voie d'engagements volontaires. Il était interdit aux établissements d'enseignement, aux universités, associations de tir, de sport, de tourisme, de s'occuper des questions militaires, d'instruire ou d'exercer leurs adhérents dans le métier ou l'emploi des armes de guerre.

La flotte allemande de guerre était réduite à 6 cuirassés, 6 croiseurs légers, 12 destroyers, 12 torpilleurs. Les sous-marins étaient interdits. Les effectifs, recrutés par voie d'engagements volontaires, ne devaient pas dépasser 15.000 hommes, y compris 1.500 officiers.

Enfin, « les forces militaires de l'Allemagne ne devaient comporter aucune aviation militaire ni navale ».

Naturellement, l'exécution de toutes ces clauses de désarmement devait être contrôlée. Le traité confia cette surveillance à des « commissions interalliées spécialement nommées à cet effet par les principales puissances alliées et associées ». Une fois exécutées, les clauses pour lesquelles un délai déterminé avait été accordé à l'Allemagne, la surveillance devait, en vertu de l'article 213, être effectuée par la Société des Nations : « Aussi longtemps que le présent traité restera en vigueur, l'Allemagne s'engage à se prêter à toute investigation que le Conseil de la Société des Nations, votant à la majorité, jugerait nécessaire. »

Le traité de Versailles avait prévu, pour l'exécution de la plupart des clauses de désarmement, un délai maximum de deux à six mois ; six années après la mise en vigueur du traité, les Alliés en sont encore à attendre de l'Allemagne qu'elle complète définitivement son désarmement. Nous ne ferons pas ici le récit pénible et monotone des luttes de la commission interalliée de contrôle contre le gouvernement allemand, ni des conférences successives au cours desquelles, après avoir constaté que l'Allemagne n'avait pas tenu ses engagements, les Alliés lui accordaient de nouveaux délais, compensés généralement par quelque ultimatum. Bornons-nous, à tracer, dans cette histoire touffue, quelques larges avenues, et à marquer les phases essentielles de ce long conflit.

Durant les deux premières années, en 1920, en 1921, la commission de contrôle, surmontant des difficultés sans nombre, obtint des résultats importants. Le 24 janvier 1922, la commission évaluait le total du matériel livré par l'Allemagne à 23.035 canons et tubes, 86.735 mitrailleuses complètes et 231.896 tubes, 4.482.337 armes portatives, 11.592 lance-mines, et 14.212 avions. Au début de 1922, la conférence des ambassadeurs put constater que la destruction du matériel aéronautique allemand était un fait accompli, et la commission de contrôle spéciale put être remplacée par un « comité de garantie de l'aéronautique » chargé de la surveillance de la fabrication des avions civils. A la même date, le désarmement naval était à peu près terminé. Il ne restait de difficultés sérieuses à surmonter que dans le domaine du désarmement militaire terrestre. L'organisation de la Reichswehr était conforme au traité, mais la question de la police n'était pas encore réglée, après une année de négociations avec le gouvernement allemand. Les « Einwohnerwehren » étaient en cours de dissolution, mais elles se reconstituaient un peu partout sous des noms différents, Notband, Bergwacht, Ortschütz, etc. Les « corps francs »

— Rossbach, Oberland — étaient plus florissants que jamais. De plus, de nombreuses usines restaient équipées pour les fabrications de guerre.

*
* *

Malheureusement, dès le début de l'année 1922, l'action de la Commission de contrôle devint chaque jour plus difficile. Au gouvernement de M. Briand, qui avait pu obtenir du chancelier Wirth une exécution loyale des engagements pris par l'Allemagne relativement au désarmement, avait succédé le cabinet présidé par M. Poincaré. A la politique de la collaboration interalliée avait été substituée la politique des « mains libres », la politique de l'isolement. A chaque nouveau désaccord entre la France et la Grande-Bretagne, l'Allemagne, travaillée par une poussée nationaliste de plus en plus forte, accentua sa résistance aux efforts de la commission présidée par le général Nollet, refusant à la France seule ce qu'elle aurait accordé à l'ensemble des alliés. Les officiers de la Commission de contrôle étaient menacés et insultés lors de leurs inspections. Des incidents violents se produisirent, le 31 mars, à Fribourg-en-Brisgau, le 26 mai à Landshert, le 3 juin à Stuttgart, le 17 juillet à Stettin. Après l'échec de la conférence interalliée de Londres, en août 1922, les violences redoublèrent, et le 22 septembre, des officiers alliés furent poursuivis et frappés par la foule à Ingolstadt. Le gouvernement allemand finit par avertir la commission qu'il ne pourrait plus répondre de la sécurité des officiers du contrôle, si leurs visites n'étaient pas annoncées plusieurs jours à l'avance.

C'est dans ces conditions que, le 29 septembre 1922, les gouvernements alliés adressèrent une note au gouvernement allemand pour lui offrir de retirer la commission de contrôle et la remplacer par un « comité de garantie » fonctionnant à leurs frais, dès que l'Allemagne leur aurait donné satisfaction sur « cinq points » essentiels : 1º réorganisation de la police ; 2º transformation des usines ; 3º livraison du reliquat du matériel non autorisé ; 4º livraison des documents relatifs à l'armement allemand durant la guerre ; 5º mise en harmonie de la législation militaire allemande avec les clauses du traité.

Mais, le 10 décembre 1922, le gouvernement allemand répliqua que ces cinq conditions étaient « liées étroitement aux nécessités vitales de l'économie allemande, à la sûreté du Reich, de même qu'à des considérations de politique intérieure », et qu'au surplus, il considérait le désarmement comme « chose faite ».

Dès ce moment, la politique des « mains libres » avait porté ses fruits amers : le contrôle était en fait impossible, et le gouvernement allemand, indifférent aux démarches des Alliés, dont il connaissait les désaccords, n'attendait qu'une occasion favorable pour mettre définitivement un terme aux investigations de la mission militaire. Cette occasion, l'occupation de la Ruhr allait la lui fournir.

Durant toute l'occupation de la Ruhr, toute opération de contrôle fut impossible en Allemagne. Les Alliés furent impuissants à assurer l'exécution des clauses de désarmement du traité, et cela au moment où la surexcitation nationaliste, encouragée par le gouvernement allemand, entraînait l'Allemagne vers la reconstitution de ses forces militaires. « Depuis dix-huit mois, écrivait dans l'été de 1924, un spécialiste des questions de désarmement, nous savons fort mal ce qui se passe outre-Rhin au point de vue militaire : des bruits — que rien n'a confirmés — ont couru sur la reprise des fabrications de guerre ; mais point n'est besoin d'entrer dans le domaine des hypothèses pour rencontrer de légitimes sujets d'inquiétude ; les faits établis sont suffisamment graves : instruction des cadres de réserve, organisation d'un système d'engagements à court terme, renforcement de la police de plus en plus subordonnée aux autorités militaires ; développement des sociétés secrètes ; dès maintenant, on doit tenir pour acquis que les forces militaires organisées au Reich dépassent les prévisions du traité de paix (1). »

Situation infiniment dangereuse, et qui ne fut pas l'une des conséquences les moins déplorables de la politique de l'isolement et de la prise de gages qui avait conduit la France à Essen.

A la fin de l'année 1923, les gouvernements alliés purent, non sans peine, se mettre d'accord pour imposer ou plus exactement pour tenter d'imposer à l'Allemagne la reprise du contrôle. Mais celle-ci fit la sourde oreille, et après une série de « visites de contrôle » effectuées les 10 et 12 janvier 1924 par les officiers de la mission interalliée sur différents points de l'Allemagne, l'activité de la mission fut à nouveau complètement interrompue. L'Allemagne, à chaque demande de la conférence des ambassadeurs, ripostait le plus tard possible, par une note

(1) Le désarmement de l'Allemagne et le contrôle militaire. *Europe Nouvelle*, 23 août 1924, p. 1099.

dilatoire, et à l'abri de ces négociations interminables, s'opposait toujours à l'inspection générale vainement réclamée par les Alliés depuis le 29 septembre 1922.

Il fallut, pour que cette situation fut modifiée, que le changement radical imprimé à la politique française par les élections générales du 11 mai 1924 favorise un rapprochement des gouvernements français et britannique. Le 24 juin, après leur entrevue de Chequers *(voir le compte-rendu analytique de ces conversations à l'Annexe nº 6)*, M. Herriot, président du Conseil et ministre des Affaires Étrangères, et M. Ramsay Mac Donald, premier ministre et secrétaire d'État au Foreign Office, adressèrent au chef du gouvernement allemand, le chancelier Marx, un « message » pour « l'entretenir directement » de la question du désarmement :

« Nous ne pouvons cacher au gouvernement allemand, écrivaient-ils, et nous pensons qu'il est bon de l'en avertir, que tout manquement nouveau à l'exécution loyale et scrupuleuse des obligations de la partie V du traité affecterait gravement la situation internationale, au moment même où la perspective d'une mise en vigueur rapide du rapport Dawes fait naître dans tous les pays intéressés l'espoir d'un règlement définitif de la question des réparations qui doit préparer une pacification générale et véritable.

« ... La France et la Grande-Bretagne n'ont aucun désir de chercher à embarrasser le gouvernement allemand ni à prolonger le contrôle plus longtemps qu'il n'est nécessaire. Au contraire, ils envisagent le retrait de la commission de contrôle à la date la plus rapprochée possible, dès qu'ils auront reçu satisfaction sur les différents points que les gouvernements alliés ont particulièrement signalés. Ils souhaitent vivement de voir substituer au mécanisme de la commission de contrôle le droit d'investigation conféré au conseil de la Société des Nations par l'article 213 du traité.

« Ils demandent seulement qu'on donne tous apaisements à leurs légitimes appréhensions. On ne peut leur demander de permettre que leur sécurité soit menacée par le défaut des garanties qu'ils tiennent des dispositions du traité de paix. »

Le gouvernement allemand répondit dès le 30 juin :

« Le gouvernement allemand, disait-il, croit pouvoir constater que la situation générale actuelle est caractérisée par le désir de l'effort tenté pour remplacer une politique, qui devait être combattue du côté allemand comme une politique de violence, par une politique d'entente qui comprenne la solution de la question des réparations et mette fin en même temps aux méthodes de combat qui furent appliquées autrefois pour en arriver de force à cette solution.

« Les lourds sacrifices que le gouvernement allemand doit exiger du peuple allemand pour réaliser les idées du rapport des Experts sont seulement supportables si le peuple allemand a la conviction qu'on lui assure de nouveau des droits fondés dans le traité, et que la solution de la question des réparations représentera ainsi non seulement un acte financier et économique, mais qu'elle inaugurera aussi une ère nouvelle dans les relations entre les nations.

« Dans la confiance que ces idées sont partagées par les gouvernements alliées, et en prenant acte de la déclaration expresse de ces gouvernements que l'inspection générale exigée constituera la fin du contrôle militaire interallié et le passage au régime prévu à l'article 213 du traité, le gouvernement allemand est prêt à admettre l'inspection générale... »

Quelques semaines plus tard, les conversations qui eurent lieu en marge de la Conférence internationale de Londres, et surtout les débats de l'assemblée de la Société des Nations, à Genève, qui aboutirent à l'adoption du protocole pour la sécurité, l'arbitrage et le désarmement, devaient faire enfin entrer le problème de la limitation des armements allemands dans une phase entièrement nouvelle (1).

(1) Voir plus loin le chapitre « Désarmement ».

IV

LES PROJETS DE PACTES DE SÉCURITÉ

Le 21 novembre 1921, parlant à la séance plénière de la Conférence du désarmement convoquée à Washington par le président des États-Unis, M. Harding, M. Aristide Briand, président du Conseil et ministre des Affaires étrangères, posait nettement le problème de la sécurité terrestre de la France. Ayant indiqué que dans la situation trouble où restait l'Europe, la France ne pourrait pas aller au-delà de la réduction déjà opérée sur ses effectifs et ses armements sans s'exposer aux plus grands dangers, l'homme d'État ajoutait :

« On viendrait nous dire, aujourd'hui ou demain : « Ce « danger, nous le voyons avec vous, nous le comprenons, « nous allons le partager avec vous ; nous vous offrons « tous les moyens de sécurité que vous pouvez désirer. » Immédiatement, la France entrerait dans d'autres voies. Nous comprenons les préoccupations qui pèsent sur l'esprit des hommes d'État chargés de diriger les autres pays ; nous comprenons les préoccupations des autres nations, leurs difficultés dans un monde encore troublé, et nous n'avons pas l'égoïsme de demander à d'autres peuples de faire usage à notre profit de leur souveraineté nationale. Mais alors — et c'est ici que je m'adresse à votre esprit de conscience — si la France doit demeurer seule en face d'une situation telle que je vous l'ai dépeinte sans aucune exagération, telle qu'elle est réellement, alors, il ne faut pas lui discuter les possibilités d'assurer sa sécurité dans la mesure compatible avec les besoins de l'heure présente. »

Quelques jours plus tard, le 24 novembre, au cours d'une séance de commission, M. Briand fut encore plus net : « M. Briand mit ses contradicteurs au pied du mur, rappelant que nos réductions militaires sont le maximum de ce que comportent notre sécurité et la leur. « Si on « veut que nous allions au-delà, ajouta-t-il, quelle aide « ou garantie offrez-vous? J'écoute. » Il y eut un « silence...(1). »

Ce silence ne devait pas être observé longtemps. Un mois ne s'était pas écoulé qu'au cours d'une conversation avec l'ambassadeur de France à Londres, M. de Saint-Aulaire, lord Curzon, secrétaire d'État aux Affaires étrangères dans le cabinet présidé par M. Lloyd George, fit allusion « aux projets d'alliance qui avaient souvent été agités dans la presse des deux pays ». Saisissant la balle au bond, M. Briand proposa au premier ministre anglais, qu'il rencontra à Paris le 17 décembre, une alliance à deux degrés, comportant un étroit accord franco-anglais qui serait le noyau d'une entente plus large s'inspirant de l'entente du Pacifique, conclue quelques semaines auparavant à Washington. Cette suggestion fut d'autant mieux accueillie que M. Lloyd

(1) Dépêche de M. Jusserand, ambassadeur de France à Washington, à M. Bonnevay, garde des Sceaux, ministre des Affaires Etrangères p. i., Washington, 24 novembre 1921. *Livre Jaune* sur la Conférence de Washington, p. 35.

George sentait l'opinion anglaise nerveuse, et que, pour la ramener à son gouvernement, il venait de concevoir le plan d'une grande conférence internationale où tous les États, y compris l'Allemagne et la Russie, s'efforceraient d'écarter les obstacles politiques et économiques à la reconstruction de l'Europe.

*
* *

Aussi la conférence interalliée de Cannes (janvier 1924) s'ouvrit-elle dans une atmosphère extrêmement favorable à la conclusion d'accords franco-britanniques précis. Dès le 4 janvier, M. Lloyd George remit à M. Briand, au nom du Gouvernement britannique, un mémorandum où il offrait à la France un pacte de sécurité analogue à celui qui avait été signé à Versailles sans pouvoir être mis ensuite en vigueur.

« En ce qui concerne la sécurité de la France contre une invasion, disait le premier ministre, la Grande-Bretagne veut considérer cette question comme touchant à ses intérêts propres. Le Gouvernement britannique est, en conséquence, disposé à prendre l'engagement que, s'il se produit une agression allemande non provoquée contre le sol français, le peuple britannique se placera avec ses forces aux côtés de la France. Pareille garantie aura une double valeur : elle n'aura pas seulement pour effet d'assurer la sauvegarde de la France au cas d'une attaque allemande ; elle rendra pareille attaque extrêmement improbable... Si l'Allemagne est certaine que l'Empire britannique sera aux côtés de la France dans une guerre à venir, elle ne sera pas tentée de caresser des rêves de revanche. »

Sur la demande de M. Briand, le texte du projet de traité rédigé par M. Lloyd George fut modifié, et finalement, le 11 janvier 1922, le premier ministre britannique remit au président du conseil français un document dont l'article premier était ainsi conçu : « Dans le cas d'une agression directe et non provoquée contre le territoire de la France par l'Allemagne, la Grande-Bretagne se rangera immédiatement aux côtés de la France avec ses forces militaires, navales et aériennes. » Ce traité devait rester en vigueur pendant une période de dix ans, à la fin de laquelle il serait renouvelable. (*Voir le texte Annexe n° 7.*)

On sait ce qui suivit. Contraint de rentrer à Paris par une campagne politique menée par les représentants et les organes de la réaction, à laquelle le Président de la République, M. Millerand, s'associa en adressant au chef du gouvernement le télégramme fameux : « Ce n'est pas sans regrets ni sans appréhension que... », M. Briand abandonna volontairement le pouvoir, disant simplement, après avoir fait connaître l'offre qui lui avait été adressée à Cannes : « Que d'autres fassent mieux... »

M. Poincaré, en reprenant avec M. Lloyd George la conversation interrompue à Cannes, présenta au chef du gouvernement britannique, trois observations essentielles. Il lui apparaissait : 1° que le traité devait être bilatéral ; 2° que le traité devait être complété par une convention militaire ; 3° que sa durée ne devait pas être limitée à dix années, mais qu'il devait rester en vigueur trente ans au moins. Là-dessus s'engagea entre les deux gouvernements une longue discussion par notes, par l'intermédiaire de l'ambassadeur de France à Londres. A intervalles réguliers, M. Poincaré invitait ce dernier à s'enquérir des dispositions du gouvernement anglais au sujet du pacte. Malheureusement, il laissa échapper lui-même les occasions où il aurait pu s'en entretenir directement avec M. Lloyd George (1) et avec lord Curzon (2). A la vérité, à mesure que les relations des deux gouvernements devenaient plus difficiles dans le domaine de la politique des réparations, au sujet de laquelle ils divergeaient entièrement, les chances de faire accepter par l'opinion britannique le pacte renforcé qu'exigeait M. Poincaré devenaient plus minimes. Les dernières de ces chances furent détruites lorsqu'à la Conférence de Paris, en janvier 1923, M. Poincaré, qui avait déjà décidé d'occuper la Ruhr, rejeta les propositions de M. Bonar Law pour le règlement du problème des réparations, propositions qui comportaient, en faveur de notre pays, outre l'annulation des dettes interalliées, la conclusion d'un pacte de sécurité... Dans ce domaine comme dans celui du désarmement, aucun progrès n'allait

(1) « Le temps restreint dont M. Lloyd George et moi disposions à Boulogne ne nous a pas permis d'aborder la question du pacte. A la fin de notre entretien, M. Lloyd George m'a dit qu'il aurait été prêt à en parler. Je lui ai répondu que je regrettais que l'heure du train ne nous permît pas de résoudre cette question... » (Dépêche de M. Poincaré à M. de Saint-Aulaire, 4 mars 1922. *Livre Jaune* sur les Garanties de Sécurité, p. 137).

(2) « Les négociations relatives à l'Orient ont absorbé la totalité du temps que lord Curzon a consacré aux affaires pendant son séjour à Paris, de telle sorte qu'il ne m'a pas été possible de traiter avec lui la question du pacte. » (Dépêche de M. Poincaré à M. de Saint-Aulaire, 2 mai 1922. *Livre Jaune* sur les Garanties de Sécurité, p. 141).

plus être réalisé avant le redressement de notre politique étrangère consécutif aux élections générales du
11 mai 1924.

*
* *

A vrai dire, le projet de pacte franco-britannique de
Cannes restait exactement dans la ligne suivie par les
négociateurs du traité de Versailles. Comme ces derniers, les interlocuteurs de Cannes, et après eux, M. Poincaré, lord Curzon, lord Balfour, ne conçurent jamais
le pacte que comme un moyen de renforcer un des
groupes éventuellement antagonistes, comme un « épou-
vantail » contre la guerre. « Si l'Allemagne est certaine
que l'Empire britannique sera aux côtés de la France
dans une guerre à venir, elle ne sera pas tentée de caresser
des rêves de revanche », écrivait M. Lloyd George.
Sans doute, le premier ministre anglais, lorsqu'il déve-
loppait le programme de la future conférence de Gênes,
allait plus loin : « Le gouvernement de Sa Majesté,
écrivait-il encore le 4 janvier 1922, désire tout particulièrement que cette entente entre la Grande-Bretagne
et la France, loin d'exclure d'autres nations, forme la
base d'un plan plus large de coopération internationale
pour assurer la paix de l'Europe dans son ensemble...
La dernière des conditions indiquées dans ce mémorandum, comme base de la conférence économique
envisagée, comporte une simple condition d'accord
international : « Tous les pays prendraient en commun
« l'engagement de s'abstenir de toute agression contre
« leurs voisins. » La Grande-Bretagne espère que cet
engagement pourra être obtenu de toutes les nations de
l'Europe sans exception. Il est essentiel que la division

des nations européennes en deux camps puissants ne se perpétue pas par suite de craintes étroites de la part des nations victorieuses, ou de projets de revanche secrets de la part des vaincus... »

Rien de plus caractéristique de l'incertitude d'une politique, pleine de bonne volonté sans doute, mais qui cherchait péniblement, empiriquement sa voie, que le contraste entre ce vaste et vague engagement général, que toutes les nations devraient souscrire, et le pacte de garantie franco-britannique, pure et simple alliance militaire défensive de deux pays contre un troisième. On entrevoyait la vérité. On n'osait pas la définir et la fixer.

Par une aventure surprenante au premier abord, c'est précisément du troisième pays, de celui contre lequel tous cherchaient à se protéger, de l'Allemagne, que vinrent les premières clartés. Si l'on y réfléchit, rien de plus naturel. En signant le traité de Rapallo, l'Allemagne avait, selon la vieille tradition de la politique de l'équilibre, essayé de contrebalancer le poids de la coalition des puissances alliées. Mais elle s'était bien vite aperçue que l'appui de la Russie ne lui servait de rien dans la politique européenne, surtout sur le Rhin, où elle restait isolée en face des vainqueurs. L'occupation de la Ruhr lui montra que l'opinion française était plus troublée encore par l'idée de l'insécurité que par le non-règlement des réparations, et lui prouva en même temps la nécessité où elle était de composer avec ses voisins de l'Ouest. Ne pouvant ou ne voulant rien faire dans le domaine matériel, financier, elle songea à desserrer l'étau qui l'étreignait en donnant satisfaction aux puissances occupantes sur un autre point, en même temps qu'elle voyait certainement là un moyen d'améliorer sa position morale dans le monde, tout en parant au danger alors menaçant de dislocation du Reich : elle offrit aux Alliés la conclusion d'un « pacte rhénan », par lequel les États signataires s'engageraient à respecter les frontières fixées à Versailles, et à ne pas recourir à la guerre, durant une période de trente années, sans consultation préalable du peuple.

Si criticable qu'il fût dans ses détails, le « pacte rhénan » du chancelier Cuno, que M. Stresemann devait plus tard reprendre à son compte, posait pour la première fois le problème de la sécurité dans toute sa clarté : ce ne sont pas des accords entre les alliés éventuels, mais seulement des accords entre les adversaires éventuels qui peuvent prévenir efficacement la guerre. Le mémorandun allemand du 9 février 1925, qui a abouti à la conclusion des accords de Locarno, sortait directement des offres allemandes de 1923. Que M. Cuno et M. Rosenberg aient été sincères en faisant ces offres, peu importe. L'idée était juste. Elle était féconde. Elle a germé. La France a donné assez de preuves de son attachement réel et profond à la paix et de sa volonté d'organiser une Europe où les risques de guerre seraient inlassablement pourchassés, pour que nous n'éprouvions aucun embarras à marquer l'importance des projets allemands de 1923, bien qu'ils n'aient pas abouti, et qu'ils n'aient eu aucune chance d'aboutir immédiatement.

V

LE TRAITÉ D'ASSISTANCE MUTUELLE ET LA SOCIÉTÉ DES NATIONS

En même temps que, sous la pression des événements, au cours de négociations diplomatiques longues, délicates, souvent confuses, se formait peu à peu le concept de sécurité tel qu'il s'impose aujourd'hui, et tel que nous l'avons défini, par une rencontre qui n'est certes pas fortuite, mais qui reste singulièrement instructive, les études théoriques poursuivies au sein de la Société des Nations aboutissaient exactement au même résultat : la 4e assemblée de la Société des Nations, réunie à Genève en septembre 1923, en pleine occupation de la Ruhr, à une heure où l'Allemagne et avec elle l'Europe paraissaient à la veille des événements les plus graves, décidait de soumettre à l'examen de ses membres un projet de traité d'assistance mutuelle, destiné à donner aux divers États des garanties de sécurité suffisantes pour permettre une réduction sensible des armements européens.

Rien de plus instructif que l'histoire de ce traité. En 1920, la première assemblée de la Société des Nations, saisie de propositions relatives à la limitation des armements, avait reconnu que cette limitation était subor-

donnée à l'exécution complète des clauses de désarmement imposées à certaines puissances par les traités de
paix. Aussi se borna-t-elle à exprimer le vœu que les
gouvernements s'engageassent à ne pas dépasser,
pendant les deux années fiscales suivant le prochain
exercice, le chiffre global des dépenses d'armements
prévu pour cet exercice.

La 2ᵉ assemblée, en 1921, invita la commission
temporaire mixte chargée d'étudier la réduction des
armements (1) de présenter à l'Assemblée suivante une
proposition précise, rédigée sous forme de traité. En
même temps, elle priait les gouvernements de fournir
un exposé des considérations relatives aux exigences
de leur sécurité nationale, de leurs obligations internationales, de leur situation géographique et de leurs
conditions spéciales.

Les résultats de cette enquête furent présentés à la
3ᵉ assemblée de la Société des Nations, en septembre
1922 : « Presque tous les gouvernements, concluait le
rapport, indiquent les limites que, dans la situation
actuelle, ils ne peuvent franchir sur la voie de la réduction des armements, sans danger pour eux-mêmes comme
pour la paix du monde... » C'est alors que la 3ᵉ assemblée fut amenée à reconnaître que « dans l'état actuel
du monde, un grand nombre de gouvernements ne
pourraient assumer la responsabilité d'une sérieuse
réduction des armements, à moins de recevoir en échange
une garantie suffisante pour la sécurité de leur pays ».
Cette garantie pouvait, aux yeux de l'assemblée, être
fournie par un accord défensif, comportant, pour les

(1) Voir également sur ce sujet le chapitre « Désarmement »

États signataires, l'engagement de se porter mutuellement une « assistance effective, immédiate et suivant
un plan préétabli », en cas d'agression contre l'un d'entre
eux.

Nous ne ferons pas l'historique des études et des négociations qui aboutirent au projet de traité élaboré par
la commission temporaire mixte et que la 4e assemblée de la Société des Nations, le 29 septembre 1923,
décida à l'unanimité de soumettre à l'avis des gouvernements.

Le projet présentait tous les avantages d'un large
traité général, signé par tous les États. Il les complétait,
en autorisant, dans le cadre du traité général, des accords
défensifs entre États, liés par des intérêts communs en
face de dangers communs, accords qui permettraient
d'organiser à l'avance et de façon précise l'assistance
mutuelle, et par suite de déclencher sans retard la riposte
à toute agression.

Le traité d'assistance mutuelle n'était pas exempt
de critiques. Il suffit de parcourir les réponses des gouvernements consultés (Documents de la S. D. N.,
1er sept. 1924. A. 35 1924. Tx.) pour voir qu'il en a
soulevé de nombreuses, et que certains gouvernements
— en particulier le gouvernement britannique présidé
par M. Ramsay Mac Donald — n'ont pas hésité à le
repousser. Mais il marquait néanmoins un progrès
considérable. Il apportait, après de longues et minu-
tieuses études techniques et juridiques, une base pour
une large discussion politique. Il allait servir pour une
part, on le verra, à l'établissement du fameux « Protocole »
adopté en septembre 1924 par la Ve assemblée à la
demande de la délégation française.

VI

LE PROTOCOLE DE GENÈVE

MM. Herriot et Mac Donald, à Londres, avaient réglé — au mieux de tous les intérêts — l'irritante question des réparations par l'adjonction au plan Dawes d'un « règlement d'administration publique ».

A Genève, une même bonne foi, une même volonté, la perspective d'un même idéal à atteindre, laissent entrevoir la solution qui apportera aux peuples inquiets des garanties de sécurité.

Car, en dépit du pacte de la Société des Nations qui demeure, qui est l'embryon, qui reste la source à laquelle il est utile de puiser les principes, la sécurité n'est pas établie.

Nous avons prouvé que les auteurs du Traité de Versailles l'avaient reconnu eux-mêmes par les considérants qui accompagnaient les traités de garantie franco-américain et franco-anglais, par le mémoire du gouvernement français en date du 25 février 1919 qui marquait les raisons pour lesquelles « la Ligue des Nations ne peut pas fournir actuellement une garantie suffisante ».

Plus tard, dans le projet de traité élaboré à Cannes, le 11 janvier 1922, par MM. Lloyd George et Briand, il avait été expressément rappelé que « des garanties

de la sécurité de la France contre une future agression
par l'Allemagne sont indispensables à... »

Mais ces garanties de sécurité que la France réclamait
pour elle et que la Grande-Bretagne ne lui avait jamais
marchandé jusqu'au jour où M. Millerand, par un
coup de tête anticonstitutionnel, embarqua son pays
vers les récifs néfastes de l'isolement, d'autres pays —
pour les mêmes raisons ou pour d'autres raisons — les
réclamaient d'autres peuples et l'observateur attentif
qui veillait au haut du « clocher européen », M. Benès,
s'aperçut que les problèmes des sécurités étaient un
problème unique, un vaste problème européen : le
problème général de la sécurité.

Par lui, la Société des Nations qui avait strictement
cantonné son action sur le terrain du désarmement,
l'élargit et mit à son ordre du jour la question de la sécurité. Elle la traita, d'abord, sous l'aspect qui lui était
familier : en rapport avec les articles 8, 10 et 16 du pacte (1)
et en rapport aussi avec les travaux de la commission
temporaire mixte pour la réduction des armements.

C'est dans ces conditions, que nous avons déjà examinées, que l'assemblée de 1922 vota une résolution XIV
en vertu de laquelle des experts établirent le projet de
« Traité d'Assistance Mutuelle » dont le texte n'avait
obtenu en septembre 1924, que dix-huit adhésions (la
plupart étant même conditionnées) et avait soulevé l'opposition courtoise mais irréductible de l'Angleterre.

Or, un système de sécurité européenne sans l'adhésion commune de la France et de l'Angleterre est un
système inopérant.

(1) Nous publions à l'*Annexe n° 8* les extraits des plus importants
rticles du pacte de la Société des Nations.

La garantie de l'Angleterre lui est aussi indispensable que la garantie de la France.

A l'assemblée de 1924, le traité d'assistance mutuelle fut à peine discuté. Quelques délégués seulement prirent la peine de saluer le mort furtivement inhumé.

On chercha autre chose. Et M. Herriot, ministre des Affaires Étrangères de France, développa, à Genève, dans un discours qui était un acte, les principes de logique et de bon sens sur lesquels la paix future devait être édifiée.

Après le discours critique quelque peu décevant de M. Mac Donald, l'affirmation de foi de M. Herriot et l'allure séduisante de la construction pacifique qu'il offrait aux peuples de bonne volonté conquirent la grande majorité de l'Assemblée des Nations. Les acclamations qui saluèrent la fin de son discours qui, tel le manifeste de Lamartine de 1848, était une déclaration de paix au monde, consacrèrent l'adhésion presque unanime des États aux principes qu'en termes éloquents et pathétiques, la France — par la voix de M. Herriot — venait de dégager.

« La plus petite patrie a droit, de notre part, aux mêmes égards que la plus vaste. »

« L'agresseur serait celui qui refuserait l'arbitrage. »

« L'arbitrage est nécessaire, il n'est pas suffisant. C'est un moyen, ce n'est pas un but. Il ne répond pas complètement aux intentions visées à l'article 8 du Pacte, intentions que je rappelle à mon tour : sécurité et désarmement... »

« Ces trois termes : arbitrage, sécurité, désarmement, sont solidaires. »

« Il ne faut pas que l'arbitrage demeure un piège pour une nation de bonne foi. »

« Mettre ensemble la justice et la force, c'est le programme, à mon sens, le plus haut que nous devions réaliser, si nous voulons faire une œuvre qui ne soit pas seulement celle d'un idéalisme vain, malgré ses excellentes intentions, si nous voulons donner aux peuples cette réalité qu'ils sollicitent de nous avec une angoisse justifiée par leurs deuils, par leurs souffrances, par leurs douleurs et par la crainte de les voir se renouveler. »

« Arbitrage, sécurité, désarmement : les trois termes, selon nous, s'associent. Il n'y aura pas, selon nous, de communauté internationale, il n'y aura pas cette communauté internationale que nous voulons passionnément et que nous entendons créer, que nous voulons voir vivre, que nous voulons former selon les lois qui président au développement de toutes les existences, il n'y aura pas de communauté, de paix internationale, sans une réelle solidarité internationale. Par là seulement, nous arriverons au désarmement qui demeure, bien entendu, le but. »

Sur ces principes essentiels, M. Mac Donald, avec toute sa volonté d'aboutir, et son ardent idéalisme, en dépit de quelques divergences de méthode et de conceptions, rejoignit M. Herriot et, d'accord, ils firent voter à Genève, le 6 septembre 1924, une résolution par laquelle les commissions compétentes de la Société des Nations étaient chargées d'étudier la triple question solidaire de la sécurité, de l'arbitrage et du désarmement. Ces commissions, après un travail ardu, ont rédigé un texte connu sous le nom de « Protocole pour le règlement pacifique des différends internationaux ». L'intention est magnifique ; le projet est remarquable de cohésion et de logique.

On lui reprochera peut-être d'avoir été édifié sur une équivoque. Le but du Protocole c'est de parvenir à créer des conditions internationales de sécurité telles que le désarmement puisse sans danger, être recommandé. Ainsi, à l'origine, on recherche la sécurité pour permettre le désarmement. Ensuite on fera du désarmement, une des garanties de la sécurité. Y a-t-il la tautologie et le cercle vicieux que s'empressent de dénoncer les bellicistes ?

Nous ne sommes pas dans le domaine abstrait de la logique formelle. Il importe peu que le moyen se confonde avec le but. Si la sécurité ne peut être obtenue que par le désarmement ou si le désarmement ne peut être effectué que dans l'organisation d'un système de sécurité, qu'importe !

Soyons résolument réalistes. Et ne nous laissons pas arrêter par un tel argument : lions la sécurité et le désarmement. L'un est contenu dans l'autre, l'un entraîne l'autre.

Les armements entraînent les sur-armements et la paix armée conduit infailliblement à la guerre. Le désarmement est la condition de la sécurité.

Mais le désarmement unilatéral laisse la nation trop confiante, trop naïve, exposée aux pires menaces. Si elle a le désir de protéger son existence, elle ne désarmera pas sans obtenir en revanche des garanties de sécurité. La sécurité est donc la condition du désarmement.

L'impossibilité de créer des conflits — que nous recherchons d'abord — la certitude de l'isolement pour celui qui crée le conflit — que nous recherchons ensuite

— la solution pacifique du conflit créé — que nous recherchons après — la défaite immédiate et irrémédiable de celui qui a aggravé et exploité le conflit — que nous recherchons enfin : toutes ces recherches doivent aboutir à l'établissement d'un système de garanties, de traités, de sanctions qui assure la sécurité et qui en même temps permette le désarmement.

Il est dangereux de dire sécurité par le désarmement.

Il est plus prudent de dire désarmement par la sécurité. Mais il est opportun et sage de proclamer indissolubles et corrélatifs « désarmement et sécurité ».

C'est ce que les rédacteurs du Protocole de Genève (1) ont compris. Ils ont insisté sur l'arbitrage obligatoire et sur les sanctions — ils ont indiqué tout ce qu'il y avait de relatif et de contingent dans la question du désarmement.

Le Protocole est basé sur l'arbitrage. Cette notion d'arbitrage, bien qu'elle ait été à la base de conventions particulières, dans l'ancienne Grèce, et qu'elle ait hanté certains penseurs en avance sur leur siècle est essentiellement moderne. En France, elle a été l'apanage exclusif des partis de gauche, avant la guerre, tandis qu'elle était raillée comme utopique ou dénoncée comme antipatriotique par les nationalistes.

Les congrès du Parti Radical-Socialiste, depuis 1901, se sont toujours prononcés pour l'arbitrage international. En 1905, le congrès de Lille réclame avec force « *l'obligation du recours à l'arbitrage* pour tous les diffé-

(1) Voir le texte des principaux articles de Protocole à l'*Annexe* n° 8.

reuds » et jusqu'en 1914 des motions inspirées de préoccupations semblables sont votées.

Les socialistes, par l'organe de Jaurès, affirment eux
aussi la nécessité impérieuse du recours à l'arbitrage.
Écoutons le tribun rendre compte le 7 septembre 1907,
au Tivoli-Vaux-Hall, de la portée des résolutions du
congrès international de Stuttgart : « Je dis qu'alors,
avec cette règle, avec cette sommation d'*arbitrage obligatoire* que vient de formuler l'Internationale, toutes
les questions se simplifient. Il n'est plus nécessaire de
rechercher dans la complication des événements et le
mystère des gouvernements quel est le gouvernement
qui attaque, quel est le gouvernement qui est attaqué.
L'agresseur, l'ennemi de la civilisation, l'ennemi du
prolétariat, ce sera le gouvernement qui refusera l'arbitrage et qui, en refusant l'arbitrage, acculera les hommes
à des conflits sanglants. »

Cet arbitrage réclamé par tous les pacifistes, il a fallu
les leçons de la guerre pour le rendre désirable à tous.

Aussi, est-il inscrit dans le Protocole de Genève.
Mais il n'y est pas absolument indépendant. Il n'est pas
strictement commandé par les textes ; il doit être sanc-
tionné ; il est obligatoire.

La guerre est condamnée. La menace de guerre, la
menace d'agression est, elle aussi, condamnée et réprimée.

Les États signataires du Protocole reconnaissent
obligatoire la juridiction de la Cour permanente de
Justice Internationale pour les différends énoncés au
paragraphe 2 de l'article 36 du statut de la Cour, c'est-
à-dire, pour les différends qui ont trait à :

a) L'interprétation d'un traité ;

b) Tout point de droit international ;

6

c) La réalité de tout fait qui, s'il était établi, constituerait la violation d'un engagement international ;

d) La nature ou l'étendue de la réparation due pour
la rupture d'un engagement international.

Mais l'obligation d'arbitrage qui peut s'étendre à tous
les cas prévus au paragraphe 2, peut aussi être restreinte
par une réserve formelle et spéciale inscrite à un Protocole *ad hoc*.

Ainsi l'arbitrage est obligatoire pour certains cas
énumérés, et encore cette énumération peut-elle être
singulièrement diminuée par la volonté préalablement
exprimée d'un état.

On peut dire que l'arbitrage n'est obligatoire que dans
certains cas déterminés. Aussi l'arbitrage obligatoire
général constituera-t-il non la règle mais l'exception.

Et d'ores et déjà, nous pouvons considérer la garantie
de l'arbitrage dit obligatoire comme précaire et incertaine,
c'est-à-dire très éloignée de la notion de sécurité qui
exige la certitude.

Si un conflit surgit entre deux états signataires du
Pacte, ou bien ils sont liés par leur adhésion sans réserve
à l'arbitrage obligatoire de l'article 36 du statut de la
Cour de Justice Internationale — et la Cour tranche le
litige — ou bien, rien ne les lie et il leur est recommandé de se plier à une procédure d'arbitrage d'où
nécessairement sortira une solution.

Au cas où ils refusent cet arbitrage, le Conseil de la
Société des Nations doit tenter de concilier les parties ;
s'il échoue dans sa tentative, il engage instamment les
parties à soumettre leur conflit au règlement d'un
arbitre.

Si cette exhortation reste vaine, deux cas doivent être

envisagés : l'une des parties réclame l'arbitrage, ou les deux parties le refusent.

Dans la première éventualité, l'arbitrage est, de plein droit, obligatoire. Il est confié à un comité d'arbitres désigné par les parties, ou par le Conseil de la Société des Nations, si les parties ne peuvent se mettre d'accord. Le comité d'arbitres rend sa sentence après avoir pris l'avis consultatif de la Cour permanente de Justice Internationale.

Dans la seconde hypothèse, si aucune des parties ne réclame l'arbitrage, le Conseil se considère comme saisi. Le refus d'arbitrage, par une innovation audacieuse et digne de succès, entraîne, *ipso facto*, la compétence arbitrale du Conseil. Y a-t-il défaillance devant des principes admis, y a-t-il mauvaise volonté? Le Conseil rappelle qu'il est là, qu'il est souverain et que devant la carence des parties, il se dresse médiateur.

Le jugement du Conseil doit être unanime, sinon, en dehors des parties, le Conseil nomme un comité d'arbitres qui rend la sentence définitive.

Ainsi les conflits sont réglés pacifiquement. Des exceptions à cette procédure sont faites pour éviter qu'on ne remette en « question l'application d'une recommandation unanime du Conseil acceptée par l'une des parties », qu'on échappe aux mesures de guerre prises par un ou par plusieurs États sur l'avis ou l'injonction du Conseil ou de l'assemblée.

Si la sentence que l'organisme compétent est contraint de rendre n'est pas exécutée, le Conseil de la Société des Nations met en mouvement les sanctions prévues au pacte et mieux définies dans les derniers articles du protocole de Genève.

Il est entendu que si c'est l'assemblée de la Société des Nations et non le Conseil qui est saisie du conflit (comme c'est prévu au paragraphe 9 de l'article 15 du Pacte), les éventualités qui se produisent et les solutions apportées sont les mêmes que si le Conseil avait été saisi.

Mais il s'est agi alors de définir le mot de conflit international et de limiter aux frontières impérieuses des problèmes nationaux son champ d'application.

Or, dans la complexité croissante des intérêts, au moment où la plupart des problèmes nationaux s'intègrent dans les plus vastes problèmes internationaux, alors que le droit international n'est pas codifié et qu'aucune des obligations internationales ne peut même être définie, la plupart des États ont réclamé que la réserve portée au pacte de la Société des Nations sur l'incompétence de la Société des Nations pour « une question que le droit international laisse à la compétence exclusive d'une partie » soit inscrite à nouveau avec autant de force dans le Protocole.

Ainsi, au cours d'une procédure d'arbitrage, l'une des parties peut soulever l'exception de droit interne. Dans ce cas, et sur cette exception particulière, la Cour de Justice est consultée par les arbitres qui sont impérativement liés par la sentence rendue.

Si l'exception est reconnue valable, les arbitres et la Société des Nations sont dessaisies ; si elle n'est pas agréée, les arbitres et la Société des Nations poursuivent leur mission.

Cette restriction à l'universalité de l'action arbitrale de la Société des Nations pourrait être évoquée bien fréquemment et devenir l'issue par laquelle les États parviendraient à échapper licitement au réseau de procédure laborieusement établie.

Mais l'article II du pacte de la Société des Nations prévoit que « toute guerre ou menace de guerre intéresse la Société toute entière et que celle-ci doit prendre les mesures propres à sauvegarder efficacement la paix des nations ». Ainsi la généralité et l'universalité de cet article permettent d'espérer que la réserve formelle dictée par les égoïsmes nationaux ne jouera jamais lorsqu'il s'agira d'éviter un conflit.

Mais il ne suffit pas de prévoir un arbitrage destiné à éviter que les conflits ne s'enveniment, il faut établir une règle de conduite à laquelle se conformeront obligatoirement les parties pendant le développement de la procédure.

C'est pourquoi il est stipulé que les parties, avant que la sentence ne soit rendue, ne pourront procéder à aucune augmentation d'armements ou d'effectifs, à aucune mobilisation, à aucun acte de nature à aggraver ou à étendre le différend. Un État quelconque a le droit de signaler au Conseil de la Société des Nations l'inobservation de ces règles. Le Conseil statue après enquête et investigations et au cas où la culpabilité serait prouvée, il somme l'État coupable de faire disparaître l'infraction commise ainsi que les conséquences de cette infraction ; au cas où il ne serait pas obéi, il considérerait l'état de paix menacé et prendrait toutes mesures utiles.

Le conflit éclate, en dépit de toutes les mesures prévues, de toutes les précautions prises. La Société des Nations, qui doit faire œuvre de justice, peut-elle rester indifférente devant le développement du conflit? Son prestige, sa force réelle doivent parvenir à enrayer les hostilités ou à appuyer et à faire triompher celui des belligérants qui s'appuie sur le droit, celui qui a voulu maintenir la paix, celui qui a été attaqué.

Et ainsi se pose la question capitale de la détermination de l'agresseur contre lequel la Société des Nations doit lutter avec tous ses moyens et de tout son pouvoir.

L'agresseur, aux termes du Protocole, est l'État qui recourt à la guerre en violation des clauses du pacte ou du Protocole, celui qui viole le statut d'une zone démilitarisée.

Mais il peut être malaisé de constater l'agression si les hostilités sont engagées. Un des États peut-il toujours se justifier d'avoir fait usage de la force comme moyen « licite » de légitime défense ?

Une définition absolue est impossible. Peut-on prévoir tous les cas généraux, toutes les espèces ?

Aussi présumera-t-on l'agression à certains indices et permettra-t-on à l'agresseur présumé d'établir sa bonne foi et le mal fondé de la présomption.

Si un État refuse de soumettre le litige à la procédure prévue au Protocole et au pacte, il est présumé agresseur.

Si un État refuse de se conformer à une décision judiciaire ou arbitrale, à une recommandation unanime du Conseil, il est présumé agresseur.

Si un État refuse de considérer que tel conflit n'est pas de droit international, bien que la Cour de Justice Internationale ait accepté ce que nous avons appelé l'exception de droit interne, et s'il ne saisit pas de sa protestation, comme il en a le droit, le Conseil ou l'Assemblée de la Société des Nations, et qu'il se livre à des mesures de force, il est présumé agresseur.

Mais un énoncé limitatif est forcément incomplet.

C'est pourquoi le protocole prévoit que si le Conseil de la Société des Nations n'a pas pu déterminer automatiquement l'agresseur, il devra prescrire aux belligérants un armistice dont les conditions seront établies à la majorité des deux tiers et dont il sera chargé de surveiller l'observation.

L'État qui refusera l'armistice ou qui en violera les clauses est présumé agresseur.

Ainsi l'agresseur peut être déterminé dans tous les cas et dans toutes les éventualités automatiquement. On ne le désigne pas. On le constate.

De plein droit joueront contre lui les sanctions prévues au pacte.

De l'efficacité et de l'universalité des sanctions dépendront assurément le nombre et la gravité des conflits.

Le système des sanctions prévu au pacte est complété, renforcé par le Protocole. Dès que l'agression est constatée les États signataires du Protocole sont enjoints d'appliquer les sanctions, sans retard et sans nouvelle décision, sous peine de manquement à l'accomplissement de leurs devoirs et de rupture des engagements par eux assumés.

Les gouvernements signataires sont alors maîtres de la répartition et de l'ampleur des sanctions. Le texte qui les lie porte qu'ils doivent « collaborer loyalement et effectivement pour faire respecter le pacte et pour s'opposer à tout acte d'agression dans la mesure qui lui permettent sa situation géographique et les conditions spéciales de ses armements ».

Restriction dangereuse mais nécessaire. Porte ouverte à toutes les dérobades ; nous signalons dès à présent qu'il est nécessaire de la clore.

Il est, d'autre part, convenu que les États signataires

se porteront un mutuel appui sur tous les terrains, lorsqu'il y aura prise de sanctions.

Les sanctions économiques et financières feront l'objet d'études générales et de plans de coopération qui seront soumis au Conseil de la Société des Nations et mis en application lorsque les sanctions devront être appliquées.

Le Conseil est chargé de la meilleure utilisation des forces militaires navales et aériennes des États signataires, au cas de sanction. A cet effet, il est habilité à recevoir, dès la signature du Protocole, une déclaration des États signataires déterminant par avance les forces qu'ils peuvent faire intervenir immédiatement afin d'assurer l'exécution des obligations contractées.

De plus, le Conseil considère les accords, alliances, traités particuliers comme une sécurité additionnelle qui s'ajoute aux sanctions et les renforce mais qui ne doit ni les supprimer ni les amoindrir.

Le Conseil déclanche la sanction, c'est lui qui en proclame la levée.

Pour régler les questions créées par l'application des sanctions, il est décidé que l'agresseur supporterait « *jusqu'à l'extrême limite de sa capacité* » les frais de toute opération, la réparation de tous dommages subis par les personnes civils ou militaires, et de tous les dommages matériels occasionnés par les opérations.

Le Protocole ne prévoit pas, et c'est une lacune à combler, comment se solderont les dépenses et les frais de réparation ou de pension qui excèderont l'extrême limite de la capacité de paiement de l'agresseur et qui formeront vraisemblablement la plus grosse partie du montant global des dépenses.

Le règlement final d'ailleurs, doit être exclusivement

juste et porter en lui l'esprit de paix. C'est pourquoi il est interdit, *en aucun cas*, de porter atteinte à l'intégrité territoriale ou l'indépendance politique de l'État agresseur.

Il fallait prévoir le cas où le conflit mettrait en cause soit un État étranger à la Société des Nations, soit un État membre de la Société des Nations, mais non signataire du Protocole.

Dans la première éventualité, l'État étranger à la Société des Nations est invité à se soumettre aux obligations du Protocole. S'il refuse et recourt à la guerre, les sanctions lui sont applicables.

Dans la seconde éventualité, il est évident que le pacte joue seul mais que le Conseil de la Société des Nations a le devoir d'offrir à l'État non signataire la possibilité de suivre la procédure prévue au Protocole.

Le Protocole prévoyait aussi sous certaines conditions la réunion d'une conférence universelle pour la réduction des armements à Genève, le 15 juin 1925, mais les conditions prévues n'ayant pas été réalisées, le Conseil ajourna simplement cette Conférence.

Dans l'ordre de la procédure, il est entendu que lorsque l'unanimité du Conseil est requis pour prendre une décision, l'unanimité s'entend en dehors des représentants des Parties au différend.

Il est rappelé que le Protocole ne se substitue pas au pacte et que le pacte demeure avec ses obligations.

Il est convenu que la Cour permanente de Justice internationale tranchera les différends relatifs à l'interprétation du Protocole.

La mise en vigueur du Protocole est subordonnée à sa ratification par la majorité des membres représentés

en permanence au Conseil et par dix autres membres
de la Société des Nations et à l'adoption par la Conférence internationale d'un plan de réduction des armements.

Si dans le délai fixé par cette Conférence, la réduction
des armements n'est pas exécutée, le Protocole sera
reputé caduc.

Voici donc analysé dans ses grandes lignes le fameux
Protocole de Genève, aujourd'hui signé par dix-huit
États (1) — dont six (2) font partie du Conseil de la So-
ciété des Nations — et ratifié par un (3) Etat.

Nous ne le considérons pas comme un texte caduc.
Il existe toujours. Aucune des conditions de caducité
n'est réalisée ; sa mise en vigueur est retardée. La Société
des Nations pourra toujours dire dans sa souveraineté
si elle entend maintenir le texte du Protocole, le remanier,
l'amender ou le remplacer par un accord différent.

C'est la question que nous voulons examiner.

Que vaut formellement le Protocole?

Peut-il entrer effectivement en vigueur?

Doit-on espérer que dans sa forme actuelle ou que
dans une forme légèrement remaniée il entre en vigueur?

*
* *

Le Protocole édicte des règles, auxquelles les puissances signataires doivent se soumettre. Il n'exclut pas

(1) Albanie, Belgique, Brésil, Bulgarie, Chili, Espagne, Esthonie,
Finlande, France, Grèce, Haïti, Lettonie, Paraguay, Pologne, Por-
tugal, Royaume des Serbes Croates et Slovènes, Tchécoslovaquie,
Uruguay.
(2) France, Brésil, Tchécoslovaquie, Belgique, Espagne, Uruguay ;
seule la France est membre permanent du Conseil.
(3) Tchécoslovaquie.

irrémédiablement le recours à la guerre puisqu'il est limité aux parties contractantes et puisque, parmi celles-ci, délibérément ou sous la pression des circonstances, certaines peuvent ne pas respecter la signature.

Il a le mérite d'établir une procédure compliquée. La complication sert peut-être les intrigues, mais elle atténue singulièrement les heurts, adoucit les excitations. Le temps estompe les différends, calme les rancœurs et c'est déjà mettre de l'apaisement et présager d'une solution pacifique que de retarder l'heure des violences !

Le Protocole est un progrès sur le pacte. L'arbitrage tend à devenir une obligation. La pression d'une opinion publique internationale pourrait beaucoup contribuer à faire renforcer cette obligation et à y faire souscrire des nations encore hostiles et trop fières pour accepter qu'on leur rende justice.

La procédure du pacte était sur beaucoup de points défaillante. Ici c'était la porte ouverte à un conflit, là c'était le Conseil statuant sur un litige, reconnaissant l'impossibilité de le trancher, et avalisant, par sa carence, la guerre possible.

Il fallait à tout prix boucher les fissures, car si une seule fois la Société des Nations se reconnaissait impuissante, c'en était fini de son prestige et peut-être même de son existence.

Par le Protocole, on s'est employé à rendre la guerre légalement impossible. Toutes les éventualités y sont prévues et aboutissent à l'interdiction du recours à la violence, à un règlement pacifique du conflit.

Néanmoins quatre exceptions sont faites qui sont trop normales et rationnelles pour que nous les considérions comme une porte ouverte dans l'édifice de la paix aux rafales de la guerre. C'est d'abord lorsqu'une partie tente de remettre directement en question, en dehors des voies de droit qui lui sont ouvertes, une recommandation unanime du Conseil qu'elle avait préalablement acceptée ; c'est ensuite lorsque l'État contre lequel, avec l'accord du Conseil de la Société des Nations ou sur son avis, une guerre a été déclarée, tente par un recours à l'arbitrage qu'il avait préalablement refusé d'empêcher que ses adversaires ne prennent contre lui les sanctions autorisées ou ordonnées; c'est aussi lorsqu'un État remet en question les traités et actes territoriaux en vigueur sans vouloir suivre la procédure si libérale prévue à l'article 19 du Pacte ; c'est enfin lorsqu'une décision unanime du Conseil ou un jugement arbitral ont admis l'exception de droit interne et déclaré le conflit de la compétence exclusive d'un État.

Ces quatre éventualités mises à part, le Protocole a l'avantage de prévoir des règles automatiques, d'exiger des constatations, de bannir les discussions d'appréciation. On est presque toujours d'accord sur un fait : le désaccord naît lorsqu'on veut en tirer les conséquences. Le Protocole s'en tient à la constatation de laquelle, automatiquement, découle une procédure qui aboutit automatiquement, elle aussi, à un résultat décisif.

Résumons schématiquement toutes les éventualités qui peuvent se produire et nous observerons que toutes, automatiquement, motivent une procédure qui résout pacifiquement le litige.

Un litige surgit entre deux États. S'ils sont liés par la clause de l'arbitrage obligatoire, la Cour permanente de Justice internationale tranche le conflit. *La guerre est évitée.*

Si la clause de l'arbitrage obligatoire ne joue pas, entre les deux États, ceux-ci peuvent néanmoins accepter un arbitrage *qui évite la guerre.*

Si les États refusent l'arbitrage, le Conseil de la Société des Nations tente de les concilier. S'il y parvient, *la guerre est évitée,* sinon il recommande une procédure d'arbitrage qui, si elle est acceptée, *évite la guerre.*

Au cas où un tel arbitrage ne serait pas agréé, si l'une des parties réclame une autre procédure d'arbitrage, elle est obligatoire. Un comité d'arbitres, nommé par les parties ou par le Conseil, sollicite l'avis de la Cour permanente de Justice internationale et rend son jugement qui lie les parties : *la guerre est évitée.*

Si aucune des parties ne réclame cet arbitrage, le Conseil s'investit des pouvoirs d'arbitrage et, unanimement ou par l'intermédiaire d'un comité qu'il nomme, aboutit à une sentence qui *évite la guerre.*

Si le litige surgi est entré immédiatement dans une phase de violence, le Conseil appliquera des sanctions contre l'agresseur s'il est constaté par son refus d'accepter tout arbitrage ou imposera un armistice qui *réglera le conflit* ou qui, s'il est tourné ou violé, permettra la désignation de l'agresseur.

Ainsi, toutes les éventualités sont prévues. Aux menaces de guerre, on pare. A la guerre qui éclate, on oppose un armistice préjudiciel qui doit rétablir la paix. A la guerre qui se développe, on oppose à l'agresseur révélé les sanctions prévues.

Une fois encore, prenant pour base, la bonne foi des nations, le système créé est excellent et nous le considérons comme un effort considérable des techniciens et des réalistes du pacifisme.

Mais il est évident que, pour beaucoup d'États, persuadés de la justice de leur cause et de l'injustice certaine d'une sentence d'arbitrage, le recours à la guerre peut sembler préférable s'il se sent le plus fort, s'il compte sur des appuis en dehors de la Société des Nations, s'il croit la Société des Nations divisée, s'il sait que les sanctions qui pourraient lui être appliquées sont inefficaces, inopérantes, insuffisantes.

Il est certain que tant que la Société des Nations ne sera pas universelle, que tant que l'arbitrage obligatoire ne sera pas accepté par tous les États, seule la perspective de sanctions sévères et inéluctablement triomphantes pourra faire hésiter des États qui considèrent la guerre comme l'*ultima ratio*.

Or, il faut bien convenir que si le Protocole peut éviter des guerres, c'est uniquement en faisant appel à la raison des États en conflit, en leur imposant par la persuasion une sentence arbitrale qu'il y parviendra. Ce serait parfait dans un monde idéal, mais il faut prévoir le cas où un État se refusera à écouter la raison, à accepter l'offre de justice et contre lui il faut pouvoir dresser des mesures punitives très fortes.

Il nous apparaît que le système des sanctions est insuffisant ; il marque à peine un progrès sur le pacte de Versailles.

Il y a deux ordres de sanctions : les sanctions économiques et les sanctions militaires (aériennes et navales).

Le pacte de la Société des Nations prévoit, si un membre de la Société des Nations recourt à la guerre, des sanctions économiques qui se déclanchent *ipso facto*. Les États participant à la Société des Nations doivent « rompre immédiatement avec le belligérant toutes relations commerciales ou financières, interdire tous rapports entre leurs nationaux et ceux de l'État en rupture de pacte et faire cesser toutes communications financières, commerciales ou personnelles entre les nationaux de cet État et ceux de tout autre État, membre ou non de la Société ».

Nous tenons d'abord à reconnaître l'effort louable de la délégation française présidée par M. Léon Bourgeois, à la commission de la Société des Nations. Nous savons que sans sa persévérance, l'interdiction absolue prévue dans le texte ci-dessus n'eût été que relative. Dans les premiers projets anglo-saxons le pacte de la Société des Nations prévoyait en effet une interdiction « *aussi large que possible* » ce qui, constituant une interdiction de pure forme, équivalait à une autorisation.

Mais quelle est la valeur de cette sanction? Y a-t-il une loi internationale au-dessus des lois nationales? Sans consultation des parlements des pays intéressés, la prise de sanctions ordonnée par la Société des Nations pourra-t-elle être assimilée à l'état de guerre et pourra-t-il en résulter une mise en vigueur immédiate de la législation de guerre nécessaire à l'efficacité de la sanction économique? Le délit de commerce avec l'ennemi frappera-t-il de plein droit et immédiatement, sans mesure législative, l'habitant d'un État signataire du pacte qui ferait acte de commerce avec un *ressortissant* d'un État en rupture de pacte? Si la sanction internationale entraîne *ipso facto* des sanctions nationales, la souveraineté de chaque État est sérieusement menacée et nous ne croyons pas que l'amputation d'un droit national quelconque ait été dans la pensée des négociateurs du pacte.

Si la sanction internationale ne doit entraîner de

sanctions nationales qu'autant que celles-ci auront été votées par les Parlements nationaux, elle risquera d'être incomplète et bien longue à entrer en vigueur.

Et puis, comment imposer les sanctions?

Par le blocus des frontières? C'est, semble-t-il, le moyen le plus simple : il n'entrave pourtant point le ravitaillement par la voie aérienne. Ce blocus se heurtera, en outre, à de graves difficultés tant que la Société des Nations ne sera pas universelle. Certes les États qui prennent les sanctions peuvent s'opposer à la sortie ou à l'entrée, dans les ports, des navires de l'État en rupture de pacte, mais peuvent-ils mettre l'embargo sur les marchandises chargées sur des navires portant le pavillon d'un État qui n'adhère pas au pacte? Certainement non... ou bien ce serait le début d'une nouvelle guerre entre la Société des Nations et l'État qui n'en fait pas partie.

La même difficulté se retrouverait si un État n'appartenant pas à la Société des Nations a une frontière commune avec l'État déclaré agresseur. Ce dernier, en dépit du blocus, sera impunément ravitaillé par l'État neutre. Le blocus se révèlera inefficace.

D'ailleurs si le blocus effectif est une arme terrible, il faudrait pour qu'il ait ce caractère irrésistible que les intérêts nationaux soient soumis à l'intérêt international et que surtout les intérêts particuliers se soumissent à l'intérêt national.

Lorsqu'on sait qu'avant la guerre des métallurgistes français collaboraient à la préparation du matériel de guerre allemand, qu'en pleine guerre des Français s'associaient clandestinement avec des Allemands, que depuis la guerre les mêmes collusions auxquelles se prêtent volontiers les plus honorables de nos indus-

triels rétablirent une solidarité économique franco-allemande qui serait souhaitable et féconde si son but
n'était pas limité à la défense de certains intérêts, lorsqu'on se souvient de tout cela, on reste sceptique devant
la mise en œuvre de sanctions économiques.

Les sanctions économiques n'auront de valeur réelle
qu'à deux conditions, la première, nécessaire : la souveraineté de la Société des Nations qui imposerait certaines
règles ou certaines lois aux États en dépit de leur législation nationale, la seconde, utile, et que nous appelons
de tous nos vœux : l'universalité de la Société des Nations.

Le Protocole de Genève n'ajoute pas grand'chose
d'opérant au mécanisme des sanctions économiques
prévues au pacte. Il se rend compte de leur imprécision,
des difficultés que soulèverait leur mise en application
et il saisit les organisations économiques et financières
de la Société des Nations afin qu'elles préparent les
plans d'action destinés à faire jouer les sanctions et les
plans de coopération destinés à apporter à l'État victime
de l'agression l'aide la plus efficace.

Car ce que le Protocole établit avec plus de précision
que le pacte, ce n'est plus la solidarité dans la sanction
punitive contre l'agresseur, c'est la solidarité dans l'aide
à apporter à l'assailli.

Pour ce qui est des sanctions militaires, le pacte est
décevant et le Protocole qui paraît selon sa lettre remédier à ses lacunes ne fait que renforcer cette déception.

Le pacte prévoit des sanctions militaires. Elles sont à
peine esquissées. Toutes les réunions de la commission
d'élaboration du pacte sont une lutte entre la tendance
française qui veut la précision des sanctions militaires

et la tendance anglo-saxonne qui estime suffisante la simple *menace de sanctions*.

A la séance du 11 février 1919 de ladite commission, M. Léon Bourgeois réclame la création d'une force internationale, prenant pour thème la déclaration du président Wilson :

« Il serait absolument nécessaire qu'une force soit créée, une force tellement supérieure à celle de toutes les nations ou à celle de toutes les Alliances que pas une nation, pas une combinaison de nations ne puisse l'affronter ou lui résister ».

En réponse à l'argumentation de M. Bourgeois, le président Wilson manifeste sa crainte de voir substituer un « militarisme international au militarisme national », mais il constate que l' « on pourra admettre que la France maintienne une force proportionnellement plus considérable que les autres nations à cause du « risque géographique » dont il a été parlé ».

M. Léon Bourgeois répond en généralisant le débat. Ce qu'il réclame, au nom de la France, ce n'est pas une armée permanente internationale, « c'est de prévoir l'organisation militaire qui serait donnée aux contingents nationaux pour les grouper rapidement contre un État agresseur... c'est de prévoir une organisation des forces internationales qui serait prête à fonctionner dès qu'une période critique se produirait ».

Le 13 février 1919, l'amendement français ainsi conçu est repoussé : « Un organisme permanent sera constitué pour prévoir et préparer les moyens militaires et navals d'exécution des obligations que la présente Convention impose aux Hautes parties contractantes et pour en

assurer l'efficacité immédiate dans tous les cas
d'urgence ».

C'était pourtant doctrine saine, et rejeter ce texte,
c'était créer une Société des Nations débile.

A la séance plénière du 28 avril 1919, de la Conférence de la Paix, M. Léon Bourgeois reçoit le mandat
du gouvernement français de défendre l'amendement
ci-dessus indiqué : « Il a fallu, dit-il, que nous attachions
une signification très importante à cet amendement
pour que nous en ayons jugé indispensable la discussion
publique. »

Au moment du vote, après que M. Bourgeois eût
produit des arguments qui impressionnèrent fortement
tous les délégués, on vit avec stupéfaction M. Stéphen
Pichon, ministre des Affaires Étrangères, se lever et
lire une courte déclaration au milieu de laquelle se trouve
cette phrase :

« Le gouvernement de la République française rappelle
que pour fortifier cet instrument (le pacte de la Société
des Nations), ses délégués ont présenté relativement
au contrôle des armements et aux sanctions, deux amendements *qui leur paraissent nécessaires.* Il accepte, dans
l'esprit de solidarité qui a présidé à la rédaction de la
Convention, le projet soumis à la Conférence avec le
ferme espoir que l'exercice du droit d'amendement
en permettra le renforcement ».

Ainsi sans combat, sur un ordre de M. Clemenceau,
le travail des techniciens français est anéanti !

Le pacte de la Société des Nations qui eût constitué
un rempart contre la guerre, puissant, parce qu'il aurait
prévu à l'avance une organisation effective contre toute
velléité de guerre, n'est plus que la simple menace,

souhaitée par les Anglo-Saxons, menace qui, en face de la velléité de guerre se révèlera singulièrement impuissante, engendrera des discussions interminables et se résoudra dans l'incertitude.

Le Protocole n'est pas beaucoup plus opérant que le pacte. Chaque état est tenu de collaborer loyalement et effectivement. Mais quel sera le critérium d'une effectivité loyalement atténuée par des considérations de « condition géographique » et « de condition spéciale d'armement ». Qui sera juge de la bonne foi, de la loyauté avec laquelle un État apportera son concours à l'État assailli?

Le Conseil? Mais le Conseil n'est pas habilité à cet effet. Le Conseil reçoit seulement les engagements d'État déterminant par avance les forces dont il disposera contre l'État en rupture de pacte (article 13).

Le Conseil ne fixe rien, ne conseille rien, ne juge rien : il reçoit la promesse facultative d'un apport de force et il veille à ce que l'État qui a promis tienne ses engagements.

Ainsi l'État signataire du pacte qui aura accompli la recommandation de l'article 13 sera contrôlé et le cas échéant frappé de sanction pour n'avoir pas tenu tous ses engagements alors que l'État signataire du pacte qui n'aura pas avisé le Conseil de l'ampleur de sa participation aux sanctions éventuelles ne pourra être l'objet d'aucune pression, d'aucune sanction.

Dans ces conditions, peu d'États sans doute aviseront le Conseil des moyens dont ils entendent disposer contre un État qui aurait violé le pacte. Et d'ailleurs, comment pourraient-ils le faire puisqu'il est bien certain qu'ils aideront davantage un État mitoyen attaqué qu'un État éloigné? Ils consentiront à plus de sacrifices s'ils ont le sentiment qu'ils défendent leur propre cause et leur existence en défendant la justice, que s'ils ont la satisfaction purement idéale de défendre la seule justice.

Il y a une notion de relativité dans le lieu de l'agression et dans la personnalité de la nation attaquée qui empêchent ou rendraient nuls des engagements contractés dans l'absolu...

Le Protocole de Genève contient sur l'arbitrage et sur le règlement pacifique des conflits des innovations heureuses. L'arbitrage tend à devenir obligatoire. A tous les conflits, une issue pacifique est automatiquement ménagée. Pour les nations de bonne foi, c'est une garantie de Paix et de Justice. Si toutes les nations peuvent être considérées de bonne foi, c'est la sécurité. Mais l'expérience prouve que des États peuvent composer avec des intérêts qu'ils jugent supérieurs aux engagements pris ; il faut aussi compter avec tous les États qui n'ont pas signé le Protocole.

Et ainsi dans sa forme actuelle le Protocole de Genève est un peu incertain, mais son esprit doit demeurer. Il n'a été qu'un début, mais le début de la vraie paix !

* *
*

Tel qu'il est le protocole — même insuffisant — est acceptable. La France l'a signé. Peut-on espérer le voir entrer en vigueur?

La condition de sa mise en vigueur est sa ratification par trois États représentés en permanence au Conseil et par dix autres membres de la Société. Déjà on a obtenu plus de dix signatures d'États qui ne sont pas représentés en permanence au Conseil. Ces États obtien-

dront-ils, rechercheront-ils auprès de leurs pouvoirs
publics la ratification nécessaire? Certaines puissances
dites « à intérêts limités » ou « petites puissances » par
une de ces créations artificielles dont la Conférence de
la Paix nous a dotés, craignent de voir ces grandes puissances tirer, à leur insu et à leur instar, des avantages
du Protocole.

Elles craignent que le Protocole ne devienne un obstacle à leur souveraineté alors que les États importants
sauront, à leur profit, assimiler des textes et se jouer
de situations délicates.

En dépit de cette méfiance instinctive et que certains
faits rendent presque légitime, nous pensons qu'il se
trouvera dix États « à intérêts particuliers » pour ratifier
le Protocole.

S'en trouvera-t-il trois parmi les membres permanents
du Conseil? Ou plutôt, puisque la France a déjà apporté
sa signature, s'en trouvera-t-il deux autres parmi la
Grande-Bretagne, l'Italie et le Japon?

Voyons de plus près la situation de ces trois États.

La Grande-Bretagne semble avant tout, jusqu'à
présent, avoir voulu éluder les problèmes qui exigeaient
de sa part une adhésion définitive. Elle a proposé et
approuvé le traité d'assistance mutuelle contre lequel,
par la suite, elle se dressa. Elle participe à la confection
du Protocole. Ses délégués à la Société des Nations lui
apportèrent leur adhésion... Quelques semaines plus
tard, elle signifiait sa volonté de ne plus entendre parler
de cet irritant Protocole auquel jamais elle n'avait sérieusement songé.

C'est que la Grande-Bretagne doit avant tout faire
la politique de ses Dominions. Puissance européenne,

elle ne vit et prospère que parce qu'elle fait partie d'un système mondial : l'Empire britannique, qui crée avec le Japon et les États-Unis la statique du monde.

Elle est hostile au Protocole surtout pour des raisons d'égoïsme. Puritaine, les sanctions morales la séduisent. Commerçante, les sanctions économiques la gênent. Insulaire, les sanctions militaires l'effraient. Disséminée, les sanctions maritimes la rendent irréductiblement hostile.

Dès les premiers jours qui ont suivi la mise à la lumière du Protocole, les partis politiques anglais se trouvèrent d'accord pour refuser que la marine nationale soit placée à la disposition de la Société des Nations. « Il nous faut la conserver avec un soin jaloux ». « Il faut limiter son emploi à des fins strictement conformes aux intérêts primordiaux de l'Empire ». L'idée seule que la flotte britannique pourrait servir d'autres intérêts qu'un intérêt strictement britannique leur est odieuse et apparaît même à certain comme antinationale.

Que se passerait-il, demande-t-on, si un navire de guerre britannique recevrait l'ordre de visiter des navires américains pour contrebande. Comment les États-Unis réagiraient-ils contre ce qu'ils considéreraient comme un abus de pouvoir britannique? Et sous une forme humoristique, on fait remarquer que la justice divine peut approuver un blocus qui rencontrerait un très mauvais accueil auprès du monde des affaires américaines !

Comment les États-Unis accepteraient-ils que la Grande-Bretagne, même sous le pavillon de la Société des Nations, intervienne dans un conflit en Amérique du Sud que protège contre l'Europe la doctrine de Monroë?

Comment peut-on prendre des mesures de paix, de sécurité réelle, si l'Allemagne, la Russie et surtout les États-Unis ne sont pas tenus d'appliquer les mêmes règlements?

Ainsi la Grande-Bretagne développe contre le protocole toute une série d'arguments que dicte la crainte d'une action des États-Unis.

Elle s'est demandée aussi, au cas où éclaterait un conflit de races, si les obligations du Protocole ne l'entraîneraient pas, éventuellement, à participer au blocus de Sidney et de collaborer avec le Japon contre l'Australie.

Les Dominions *jugent mondialement*, alors que souvent l'Angleterre ne juge qu' « européennement » et que le Protocole ne semble vraiment efficace que pour l'Europe et pour l'Amérique latine. Les Dominions ont tous refusé le Protocole, allant même jusqu'à suspecter l'arbitrage du Conseil de la Société des Nations qui dans son sein comprend bien un Anglais mais point de représentant des Dominions.

Mais le Protocole est encore rejeté par l'Angleterre parce que tant que l'Allemagne et que la Russie n'adhèreront pas à la Société des Nations, elles pourront s'unir comme elles le firent à Rapallo et, contre tous les états européens groupés, former une coalition redoutable.

Dans la déclaration du 12 mars 1925, à la 33e session du Conseil de la S. D. N., lue par M. Chamberlain (1),

(1) Ce n'est un mystère pour personne que M. Chamberlain se trouvait alors en désaccord avec la majorité de ses collègues du Gouvernement britannique. Les idées contenues dans la déclaration

le Gouvernement de Sa Majesté britannique repoussa hautainement le Protocole, non les idées générales qui y étaient contenues, mais le détail trop précis dans les obligations imposées.

Alors que pour les États menacés au premier degré d'une agression éventuelle et pour lesquels la guerre peut immédiatement se dérouler sur leur sol, les sanctions sont la base d'un régime de sécurité, la Grande-Bretagne, distante et impératrice, persiste à croire que la sanction est secondaire, qu'il faut admettre que la bonne foi est la règle et qu'au grand jamais un état ne considérera un Traité, un engagement comme un « chiffon de papier ».

D'après M. Chamberlain, la Société des Nations, l'arbitrage, la sécurité sans sanctions ne seraient pas impuissantes. C'est la thèse qu'il a soutenue à Genève, lors de la session de la 6e Assemblée de la S. D. N. et qu'il a placé — pour en faire passer le paradoxe — sous l'illogisme qui serait la règle de la politique britannique.

D'ailleurs M. Chamberlain ne manifeste pour l'arbitrage obligatoire aucune sympathie spéciale. Le 4 septembre 1925, il indiquait en effet au « Comité National d'Action contre la Guerre » par une lettre *confidentielle* ses conceptions à ce sujet (nous publions en annexe le texte de cette note confidentielle. Voir *Annexe, n° 10*).

Les États qui ont signé le Protocole, en trouvant qu'il lut à Genève, ne sont pas les siennes, mais celles de feu lord Curzon et de M. Churchill. « C'est en raison d'une intrigue ministérielle que M. Chamberlain se voit forcé de porter devant le monde la responsabilité d'une politique contraire à ses vues et ne menant nulle part », déclara au *Matin* une influente personnalité du monde britannique.

en lui une garantie de sécurité, estiment que cette garantie réside bien qu'imparfaite, soit dans le jeu de sanctions encore mal définies, soit dans l'obligation de l'arbitrage.

Tout porte à croire que la Grande-Bretagne ne ratifiera jamais, dans sa forme actuelle, le Protocole pour le règlement pacifique des conflits internationaux qu'elle s'honorait d'avoir contribué à édifier !

Mais le Protocole pourrait néanmoins entrer en vigueur si l'Italie et le Japon le ratifiaient.

Or, de tous les membres de la S. D. N., l'Italie paraît actuellement la puissance la moins favorable à l'esprit de paix. Certes, les déclarations de MM. Salandra et Scialoja peuvent ne pas être considérées comme décisives, mais M. Mussolini s'est ouvertement réjoui de ce que l'Italie n'ait pas signé le Protocole. C'est hardiesse et expérience, c'est le sentiment de sa dignité nationale, c'est la prudence qui, aux dires de M. Mussolini (discours du 11 décembre 1924) conseillent à l'Italie de refuser sa signature. M. Mussolini ne cache pas son espoir de voir le torpillage du Protocole provenir de l'Angleterre car il craindrait que l'Italie ne prît une initiative qui pût se retourner contre elle.

Mais si le « Duce » est réservé dans ses discours, l'*Idea Nazionale* qui est son journal officieux, reflète sa véritable mentalité lorsqu'elle écrit que le Protocole « assure la pérennité des droits acquis par les nations parvenues » et entraverait l'Italie « pauvre, asservie, socialement, économiquement et politiquement en danger » dans son « besoin qui s'exaspère chaque jour, de territoires (hors d'Europe), de matières premières et de liberté ».

Or, l'Italie fasciste constate qu'aucune puissance ne « voudra gracieusement renoncer à quelques-unes de ses colonies, à quelques-unes de ses mines, à sa situation hégémonique » et elle conclut qu'il faudra un jour « CONQUÉRIR ces territoires, ces matières premières et cette liberté ». Quel tribunal d'arbitrage dominé par les « beati possidentes » voudra reconnaître le « bon droit » de l'Italie à ces conquêtes qu'elle fera par « la guerre »? « Évidemment aucun » estiment les dictateurs italiens, qui se refusent « à collaborer à la conclusion d'un pacte international qui au jour inéluctable de la guerre, imposera à tous les États de la S. D. N. de se coaliser pour nous tomber dessus et nous étrangler ».

Nous avons tenu à citer dans toute son ampleur cette thèse pour le moins singulière, qui est celle de l'actuel gouvernement italien dont l'impérialisme ne s'accommode pas — on l'a vu à Corfou — de l'arbitrage. L'Italie ne ratifiera jamais, tant qu'elle sera conduite par Mussolini, le Protocole de Genève.

Reste le Japon dont l'appui est possible. Il a tout avantage, par sa position géographique et son développement économique et humain, à participer intimement à toutes les affaires internationales. Il a, pour l'instant, toutes les possibilités de procéder à une expansion pacifique. Il a obtenu gain de cause à Genève sur la délicate question de l'émigration. L'amendement Adatci à l'article 5 permettra au Japon de compter, dans certaine éventualité, sur le concours de la S. D. N. ou tout au moins sur son abstention (dans un conflit de races qui l'opposerait aux États-Unis).

La possibilité d'un tel appui ou tout au moins la

certitude d'une telle neutralité amèneraient, peut-être, le Japon à donner son appui au Protocole.

Mais France et Japon ne forment pas la majorité des membres permanents du Conseil de la S. D. N. et faute d'atteindre cette majorité, le Protocole deviendra caduc.

Peut-être pourra-t-on abaisser le nombre des ratifications nécessaires à sa mise un vigueur ; peut-être l'adhésion de l'Allemagne à la S. D. N. et éventuellement au Protocole entraînera-t-elle l'application à la seule Europe continentale des principes du Protocole ? En ce cas, une nouvelle rédaction en serait nécessaire et trois amendements pourraient en renforcer la valeur.

Ce serait d'abord l'adoption de l'amendement de M. Bourgeois que nous tenons à répéter ici, et qui traite de l'organisation des sanctions militaires.

« Un organisme permanent sera constitué pour prévoir et préparer les moyens militaires et navals d'exécution des obligations que la présente convention impose aux Hautes parties contractantes et pour en assurer l'efficacité immédiate dans tous les cas d'urgence ».

Ce serait aussi un remaniement de l'article 3 du Protocole, afin qu'il ne limite plus les cas où devrait fonctionner l'arbitrage obligatoire.

Ce serait enfin la reconnaissance formelle de la solidarité effective des états qui auraient mis leur force au service de la S. D. N. pour la liquidation de tous les frais résultant d'une opération ordonnée ou autorisée par la S. D. N. liquidation pour laquelle il faudrait tenir compte de l'ampleur des sacrifices que chaque état se serait imposé.

VII

LA QUESTION DES PACTES PARTICULIERS ET LES ACCORDS DE LOCARNO

Quand on se rendit compte que la lettre — sinon l'esprit — du Protocole allait être écartée, les chancelleries, reprenant leurs vieilles méthodes d'échange de notes et de conversations écrites, revinrent à l'idée des Pactes de sécurité.

Depuis l'armistice, deux sortes de pactes avaient été ébauchés : le double pacte de garantie franco-britannique et franco-américain, dit pacte tripartite, qui constituait la suite logique de l'insuffisant traité de Versailles, et le traité de garantie franco-britannique, négocié à Cannes, en janvier 1922 par MM. Briand et Lloyd George.

Les pactes de Versailles constituaient une sécurité pour la France et pour elle seule. Les États-Unis et l'Angleterre s'engageaient à venir à son aide au cas où les garanties des articles 42, 43, 44 du traité de Versailles seraient insuffisantes à la protéger contre un « acte non provoqué d'agression dirigé contre elle par l'Allemagne ».

C'était donc un appui subordonné, apporté immédiatement après une constatation d'insuffisance de protection qui, elle, pouvait ne pas être la conséquence immédiate de l'acte d'agression.

Cette garantie subsidiaire n'existait plus dans le texte de Cannes qui faisait d'une agression directe et non provoquée de l'Allemagne contre la France la seule condition de garantie immédiate de la Grande-Bretagne.

Ce texte fut repoussé par M. Poincaré et, pendant les vingt-huit mois qu'il gouverna la France, on piétina sur les vieux textes, on rechercha les précédents, on paralysa les activités, on rédigea des mémoranda définitifs ! Cette immobilité digne de Guizot, en France correspondant en Angleterre à une raideur et à un détachement complet des choses territoriales, ne fit faire aucun progrès aux négociations entreprises par les chancelleries pour régler le problème de la sécurité.

Parallèlement à cette stagnation stérile, la Société des Nations élaborait le Traité d'Assistance mutuelle, qui devint le Protocole pour le règlement pacifique des différends internationaux.

L'effort de la Société des Nations contrarié deux fois par la Grande-Bretagne semble s'être un temps arrêté.

Les chancelleries reprennent leur activité. L'idée de Pacte renaît et s'amplifie. En Europe, se répandent des projets de pacte à deux, à trois, à quatre, à cinq, à six, ou à sept, si nombreux et si divers qu'il est malaisé de procéder à une sélection et de ne retenir que les tentatives les plus sérieuses.

Il ne doit pas y avoir d'antagonisme entre la Société des Nations qui négocie au grand jour et les chancelleries qui négocient dans le secret. Celles-ci doivent s'incliner devant celle-là et tous leurs efforts doivent aboutir à un système cohérent et qui puisse être adapté aux modalités du pacte général de la S. D. N.

On a envisagé trois catégories de Pactes particuliers. Un pacte rhénan unilatéral (France, Grande-Bretagne, Belgique) ; un pacte rhénan bilatéral (France, Grande-Bretagne, Belgique, Allemagne) ; un pacte rhénan plus général qui étendrait ses ramifications sur les frontières orientales de l'Allemagne.

Ainsi deux tendances s'affrontent au milieu de ces diverses conceptions : celle du pacte entre seuls alliés, entre vainqueurs et qui est la continuation de l'esprit de guerre dans une paix mal assurée ; celle du pacte entre vainqueurs et vaincus qui est une tentative de collaboration continue.

Dans le pacte *unilatéral*, l'élément essentiel est l'appui que la Grande-Bretagne peut apporter à la France. Mais l'aide du tiers n'est que le second élément constitutif de la sécurité, le premier étant l'élimination des risques de guerre.

La Grande-Bretagne aiderait la France attaquée parce qu'elle défendrait son propre intérêt. Dans un mémorandum adressé à la délégation italienne, à Cannes, en 1922, M. Lloyd George le reconnaissait en ces termes :

« L'intérêt particulier de la Grande-Bretagne à la sécurité des frontières de la France contre une attaque allemande, fut révélé à tous les peuples par la lumière impitoyable de la guerre. En 1914, les armées allemandes frisèrent les ports de la Manche, et elles ne furent arrêtées, en France et dans les Flandres, que sur une ligne plus près de la côte anglaise que toute

autre partie du continent européen. Tous les jours,
pendant quatre ans, on entendit, en Angleterre, le
son du canon allemand. Si, au cours d'une lutte future,
l'Allemagne réussissait à placer son artillerie sur la
côte française, Londres se verrait — l'Angleterre le
sait bien — sous la portée des obus allemands... La
Grande-Bretagne a donc un intérêt non moindre
que celui de la France d'être sûre que les sacrifices
des peuples français et britannique n'auront pas été
vains ».

Mais une telle convention diminue-t-elle les risques
de guerre?

Elle isole davantage l'Allemagne. M. Streseman
déclarant qu'un *pacte sans l'Allemagne est un pacte
contre l'Allemagne* a incontestablement raison. Nécessairement l'Allemagne se rejetterait vers la Russie,
ou blottie sur elle-même tenterait de trouver en elle-
même une force suffisante pour prendre sa revanche
sur une alliance qu'en 1914 elle avait déjà failli vaincre.

Un pacte unilatéral est une alliance. Certes, elle
serait placée sous le contrôle de la Société des Nations,
ses clauses seraient publiques, les conditions de son
déclanchement seraient connues, mais ce serait une
alliance contre laquelle inévitablement se créerait
une autre alliance. L'alliance appelle l'alliance, pour
établir l'équilibre, et la politique d'équilibre entraîne
la guerre, tandis que seule la politique d'association
crée la paix.

La pratique justifie la théorie. L'équilibre européen
a abouti à la guerre de 1914. L'association des nations
européennes instaurera la paix. L'équilibre mondial
qui s'établit aujourd'hui entre la Grande-Bretagne,

le Japon et les États-Unis amènera fatalement une
guerre, si ces états avertis de la catastrophe au-devant
de laquelle ils courent ne concluent pas bientôt un
pacte salutaire d'association et de coopération !

On nous objectera que le pacte unilatéral ne présente pas ce caractère exclusif défensif (ou agressif,
dans un tel cas, les deux termes sont similaires) puisqu'il est conclu sous l'égide de la Société des Nations.

Cette objection serait valable si la Société des Nations
était universelle, si l'esprit international existait réellement, si des lois internationales existaient comme
existent des lois nationales ou des usages nationaux.
Le pacte unilatéral serait alors noyé, accessoire, dépen-
dant. Dans une Société des Nations partielle, alors
que les survivances de l'esprit de guerre persistent
avec ses désignations d'États vainqueurs, neutres,
vaincus repentis et vaincus à surveiller, alors que pas
un seul règlement international hors le Pacte ne lie
les nations, une telle alliance particulière entre la
France, la Belgique et l'Angleterre dominerait tous
les groupements futurs des états, constituerait le pivot
de toutes les préoccupations nationales, s'imposerait
primordiale et ferait de la S. D. N. ou sa servante ou son
ennemie. Sa servante ? Alors s'écarteraient de la S. D. N.
les états neutres et les états ex-ennemis. Son ennemie ?
Alors la S. D. N. ne pourrait pas vivre contre la
Grande-Bretagne et contre la France.

Les pactes généraux paraissent cadrer avec l'esprit
pacifique de la S. D. N., avec la conception de paix
« sans vainqueurs ni vaincus » du président Wilson.
Certains nationalistes appréhendent la participation
de l'Allemagne à un pacte.

8

Nous considérons au contraire que l'adhésion de l'Allemagne au pacte lui donne son véritable caractère, une vigueur morale incontestable et bien plus de sécurité pour notre pays. De plus, un pacte bilatéral supprime en Allemagne la raison d'être d'une certaine propagande nationaliste qui se développe en arguant de l'isolement de l'Allemagne et de la suspicion incessante dans laquelle les états vainqueurs la tiennent. L'Allemagne, signataire du pacte bilatéral, y sera fidèle et la France recevra tous apaisements.

L'Allemagne considèrera que violer une nouvelle fois sa signature serait singulièrement dangereux, qu'en 1914, ce fut le crime de quelques chefs irresponsables qui déclarèrent pour leur infamie que « nécessité ne connaissait pas de lois », mais qu'aujourd'hui, ce serait tout le peuple allemand, maître de ses destinées, qui serait responsable de la violation d'un engagement solennel que lui-même aurait contracté.

Si, par une inconcevable aberration, l'Allemagne était amenée à renouveler son geste de 1914, le Pacte bilatéral serait rompu et *ipso facto* les co-signataires de la France se trouveraient attaqués comme elle sans qu'il puisse y avoir de discussion sur les clauses violées ou sur l'assistance dont le pays victime de l'agression peut avoir besoin : les états signataires du pacte sont solidaires dans leur résistance contre l'adversaire de mauvaise foi.

Ainsi pour la France un pacte sans l'Allemagne serait une garantie aléatoire, indéterminée, soumise à des appréciations au cas d'une agression de l'Allemagne.

Un pacte avec l'Allemagne serait une garantie certaine, intégrale, automatique au cas d'une agression de l'Allemagne.

Dans l'intérêt de notre pays comme dans l'intérêt de la paix, en dépit des protestations de ceux qui se retranchent derrière un formalisme étriqué et périmé, et de ceux qui veulent une fois encore obtenir de l'Allemagne l'aveu de sa responsabilité dans la guerre de 1914, nous considérons comme seuls satisfaisants, les Pactes de coopération et de garantie bilatéraux. Et c'est pourquoi nous saluons avec joie la conclusion tant attendue des *accords de Locarno*.

* * *

Pour bien en comprendre la portée, retraçons brièvement l'historique des événements qui ont abouti à sa conclusion.

La politique extérieure de M. Herriot, basée essentiellement sur la paix (discours de Genève, septembre 1924) mais désireuse d'asseoir solidement la sécurité de la France (discours prononcé à la Chambre des Députés, 28 janvier 1925) impressionnait profondément l'Europe et avait retenti jusqu'en Allemagne. Les chancelleries, à la recherche d'un plan général, les services de la Société des Nations, à la recherche d'une réadaptation acceptable du Protocole, travaillaient avec ardeur au début de février, lorsque le ministre des Affaires Etrangères d'Allemagne, M. Streseman, jugea opportun pour son pays et pour son propre prestige de faire tenir à M. Herriot un mémorandum confidentiel où étaient exposées ses conceptions de sécurité mutuelle.

M. Streseman renouvelait une proposition du chancelier Cuno (décembre 1922) et reprenait une idée qu'il avait développée à Stuttgart dans un discours de septembre 1923 et que M. Poincaré n'avait pas cru devoir accueillir. Les négociations entre Paris, Berlin et Londres se poursuivirent plusieurs semaines dans le plus grand secret : M. Streseman l'avait exigé craignant les soubresauts des opinions publiques allemande et française.

La note allemande du 9 février 1925 (publiée en juin) propose la conclusion par devant le gouvernement des États-Unis d'un *pacte de non agression sur le Rhin* « pour une période prolongée. » L'Allemagne serait disposée à conclure des traités d'arbitrage avec la France et différents états pour garantir « une décision paisible aux conflits juridiques et politiques ». Elle « garantissait formellement le *statu quo* territorial actuel sur le Rhin » et pourrait garantir l'obligation visant la démilitarisation des territoires rhénans ».

L'offre allemande fut accueillie par M. Herriot avec empressement. Le président du Conseil français entra en négociations avec le Foreign Office. Une réponse allait être envoyée à l'Allemagne lorsqu'après une crise ministérielle, M. Aristide Briand remplaça au quai d'Orsay M. Herriot.

Il continua les pourparlers dans le sens où ils avaient été engagés par son prédécesseur ; il prit contact avec M. Austen Chamberlain par des notes du 12 et 22 mai, 4 juin 1925 auquel M. Chamberlain répondit les 19 et 28 mai et le 8 juin 1925 (ces pièces figurent au livre bleu sur le Pacte de Sécurité) (1).

Le 16 juin 1925, M. Briand faisait parvenir à M. Stre-

_____

(1) Un volume. Imprimerie des « Journaux Officiels ».

seman la réponse du gouvernement à l'offre du 9 février faite par le gouvernement allemand et l'on pouvait, grâce aux négociations préliminaires, affirmer que le texte français reflétait fidèlement la pensée similaire de la Grande-Bretagne.

Ce fut le mérite de MM. Herriot et Briand d'avoir associé la Grande-Bretagne aux préoccupations françaises, d'avoir discuté avec elle de cet angoissant problème du Rhin, d'avoir fait le tour de toutes les questions, de s'être entendu avec elle sur chaque idée directrice comme sur chaque détail et d'avoir ainsi permis la remise à l'Allemagne de propositions d'autant plus sérieuses qu'elles avaient été plus minutieusement étudiées et plus volontairement consenties.

La sobriété et la courtoisie de la note française du 16 juin ne pouvait qu'impressionner favorablement les Alliés et les Allemands.

C'est d'abord l'indication de la nécessité pour l'Allemagne d'entrer dans la Société des Nations. Puisque les propositions allemandes « se réclament du même idéal » que le Pacte de la Société des Nations, il n'y a pas d'impossibilité à ce que l'Allemagne entre dans la Société des Nations pour y « assumer les obligations et jouir des droits » qui sont conférés à ses membres. Le texte de M. Briand est formel : ce qui n'était dans le mémorandum allemand qu'une incidente finale devient dans la réponse française la conditions indispensable : l'entrée de l'Allemagne dans la Société des Nations.

M. Briand n'accepte pas — et tous les pacifistes s'en sont réjouis — la proposition allemande de limiter la durée de l'application de l'accord, et il note que le silence de M. Streseman sur certains points du Traité de Ver-

sailles — auquel il ne saurait être apporté de « novation »
— laisse présager que l'Allemagne ne remettra pas en
discussion les clauses du traité relatives « à l'occupation
des territoires rhénans et à l'exécution des conditions
stipulées à cet égard dans l'arrangement rhénan. »

Bien entendu, M. Briand apporte l'adhésion de la
France aux deux propositions essentielles de l'Allemagne : pacte rhénan, traités d'arbitrage, mais il parvient, avec souplesse, à préciser cette dernière notion trop
vaguement exprimée dans le mémorandum allemand.
Les traités d'arbitrage ne devront laisser place à aucune
action coercitive ; leur observation devra être assurée
par « la garantie conjointe et individuelle » des puissances
participantes.

Ainsi dans cette réponse, M. Briand accepte l'offre
de M. Streseman. Loin d'en discuter les termes, il la
précise ; il interprète des silences intentionnels et lie
toute la politique française à l'égard de l'Allemagne au
respect absolu des conventions de la Société des Nations.

M. Streseman est contraint de poursuivre la partie
qu'il a engagée. Si sa note du 9 février ne constituait
qu'un ballon d'essai destiné à satisfaire une ou deux opinions publiques, il a été habilement pris à son propre
jeu par M. Briand et contraint de persévérer dans une
voie dans laquelle il ne peut plus reculer. Quel qu'ait
été son état d'esprit le 9 février, en juillet, il poursuit la
négociation et le 20 juillet, il remet à M. Briand une
nouvelle note dans laquelle sont loyalement exprimées
les divergences de vues qui subsistent.

Elle manque d'enthousiasme pour la Société des
Nations et elle semble faire une concession considérable
au point de vue français en acceptant « de ne pas s'oppo-

ser à la liaison des deux problèmes » (entrée de l'Allemagne dans la Société des Nations et conclusion d'un pacte rhénan).

Cette réserve est en partie justifiée par ce fait que l'Allemagne désarmée par le traité de Versailles peut ne pas parvenir à satisfaire aux obligations qui résulteraient pour elle de l'application de l'article 16 du Pacte, en vertu duquel elle pourrait être constamment mêlée à des conflits pour un contingent supérieur à celui qu'elle peut fournir. Aussi demande-t-elle que son entrée dans la Société des Nations soit accompagnée par la certitude qu'on tiendra compte de « sa situation spéciale tant aux points de vue militaire et économique qu'au point de vue géographique. »

Sur la question de l'intangibilité du Traité de Versailles, M. Streseman affirme que la conclusion du pacte rhénan ne constituera « aucune modification aux traités existants », mais il fait un rappel discret, nécessaire pour son opinion publique et somme toute légitime, de l'article 19 du Pacte sur la révision des traités : « Évidemment, ne doit pas être exclue à tout jamais la possibilité d'adapter, au moment donné, *par des accords amiables,* les traités existants à des changements éventuellement survenus dans la situation. »

Il accepte, plus loin, de reconnaître que rien de ce qui concerne l'arrangement rhénan ne sera modifié, mais il manifeste l'espoir que la conclusion du Pacte, amenant une détente dans les relations franco-allemands, « ne saurait rester sans influence sur la situation des territoires occupés et d'une manière générale sur les questions relatives à l'occupation ».

Enfin, la question des traités d'arbitrage est minutieusement étudiée. M. Streseman proteste contre le fait que la France semble se réserver le droit de prendre des sanctions militaires immédiates au cas où l'Allemagne contreviendrait aux articles 42, 43 et 44 du Traité de Versailles, elle réclame « une procédure objective » de même que pour le déclanchement des garanties des traités d'arbitrages que l'Allemagne concluerait avec ses voisins de l'Est.

L'esprit de conciliation qui animait cette note — en dépit de certaines divergences de vues persistantes — a permis à M. Briand, dans sa réponse du 24 août, de constater combien la « communauté de vues » qui s'affirmait entre les deux gouvernements permettait d'espérer en la « possibilité d'un accord ».

M. Briand ne méconnaît pas l'existence de l'article 19 du Pacte ; « la France n'a l'intention de se soustraire à aucune stipulation du Pacte » ; mais le négociateur français tient à marquer fortement que le pacte rhénan, dans son texte, ne changera rien à l'ordre existant et ne diminuera en rien les droits reconnus de chaque état.

Il insiste sur la nécessité de l'entrée de l'Allemagne, sans condition, dans la Société des Nations et estime, avec raison, qu'elle doit être préalable et non consécutive à une tentative de désarmement général.

Il rappelle avec force que les conventions d'arbitrage doivent être étendues à tous les conflits aussi bien politiques que juridiques ; si elles étaient limitées, elles seraient sans valeur suffisante « puisqu'elles laisseraient place à des risques de guerre ». Avant tout, il faut être d'accord sur le principe de l'arbitrage obligatoire.

L'Allemagne avait protesté outre la conception française relative aux garanties des traités d'arbitrage et au déclenchement immédiat du jeu des garanties au cas de certaines violations flagrantes. Elle demandait un recours « à une procédure objective ». M. Briand répond que jamais dans le système envisagé « le garant ne décide soudainement et unilatéralement qui est l'agresseur », que « c'est l'agresseur qui se désigne lui-même par le seul fait qu'au lieu de se prêter à une solution pacifique, il recourt aux armes... »

La France, constatant les progrès de la conversation écrite, suggère à l'Allemagne une réunion technique entre les experts juridiques français, allemands, anglais et belges afin de mettre sur pied des formules qui permettront ou non de réaliser l'accord.

Le 27 août, l'Allemagne accepte cette procédure. MM. Fromageot, Gauss, Cecil Hurst et Rollin, experts juridiques des quatre gouvernements se rencontrent à Londres, au moment où à Genève se réunit la sixième Assemblée de la Société des Nations.

Celle-ci se rendant compte de l'importance des négociations engagées, ne veut pas par une discussion approfondie du Protocole ou de la question de la sécurité paraître entraver l'action jusque-là féconde des chancelleries. Elle reporte à l'année suivante la discussion de ce problème capital. Les délibérations qui ont précédé cette décision ont laissé apparaître la vigueur qu'avait conservée le Protocole. La motion présentée à l'Assemblée par M. Quinones de Leon — qui allie en ses termes toute la générosité de la France démocratique qui veut aller de l'avant, à toute la prudente réserve de la Grande-Bretagne, jalouse de sa force, égoïste dans son île et dans ses affaires, et à la dialectique la plus habile des diplomates espagnols — semble marquer comme un regret que le Protocole ne soit pas encore entré en vigueur. Néanmoins, il ressort du texte voté que la Société des Nations désire que les traités en cours de discussions soient imprégnés des idées qui furent à la base du Protocole (*voir le texte Annexe n° 11*). Au nom de son gouvernement, M. Paul-Boncour a éloquemment porté l'adhésion absolue de la France à ce vœu : les accords qu'elle signera seront « conçus dans l'esprit de Pacte » et « établis en harmonie avec les principes du Protocole ». « Les constructions fragmentaires auxquelles se sont crues obligées les diplomaties ne peuvent s'établir que sur le plan même que la Société des Nations a tracé (1). »

Pour édifier cette « construction fragmentaire », les experts juridiques s'étant concertés, le gouvernement français convoque, d'accord avec les Alliés, les représentants de l'Allemagne à Locarno, pour le 5 octobre 1925.

Le 26 septembre, l'Allemagne fait connaître aux Alliés qu'elle accepte de participer à la Conférence de Locarno, mais elle accompagne cette acceptation d'une « note verbale » qui, sans la réponse catégorique et immédiate de la France, de la Belgique et de la Grande-Bretagne, eût risqué d'entraver la marche régulière et jusqu'ici heureuse des négociations.

L'Allemagne entendait rouvrir le débat sur les responsabilités de la guerre et recevoir des assurances au sujet de l'évacuation de la zone de Cologne.

Les demandes allemandes — qui semblent purement platoniques et destinées à donner quelque satisfaction

(1) Discours de M. Paul-Boncour à la Sixième Assemblée de la Société des Nations, le 11 septembre 1925.

aux nationalistes du cabinet du Reich — sont repoussées sans examen par MM. Briand, Chamberlain et Vandervelde, comme n'ayant aucun rapport avec les questions actuellement en discussion. Le texte de M. Chamberlain est particulièrement formel.

C'est donc dans une atmosphère de cordialité, un peu atténuée par l'envoi maladroit et *in extremis* de cette note irrecevable, que s'ouvre la Conférence de Locarno.

Pour la première fois, volontairement, les grandes puissances de l'Europe occidentale vont discuter, sur un pied d'égalité, des méthodes à suivre pour réaliser une paix sûre, comme plus d'un an auparavant elles avaient volontairement discuté des méthodes à suivre pour réaliser le paiement des justes réparations.

La méthode inaugurée à Londres par M. Herriot ayant porté ses fruits, il était normal qu'elle fût suivie à Locarno.

On a ri des procédés diplomatiques qui consistaient en partie de golf à Cannes, en siestes sur l'herbe à Chequers, en pique-nique à Ascona, en promenade idyllique sur la « Fleur d'Oranger ». Chaque fois qu'on a mis de la cordialité, de la bonne humeur dans l'austérité des pourparlers diplomatiques, un résultat tangible a été obtenu. Le temps des négociations en redingote et en chapeau haut de forme autour du seul tapis vert est résolu. Du jour où on a introduit de la fantaisie dans l'ordre établi par la pérennité des protocoles, les discussions sont devenues moins âpres, plus aimables et plus profitables.

En onze jours, les représentants de la France, de la Grande-Bretagne, de la Belgique, de l'Italie, de l'Allemagne, de la Pologne et de la Tchécoslovaquie se sont mis d'accord sur un ensemble de traités qui organisent enfin la sécurité de l'Europe.

Ces traités, paraphés le 16 octobre, sont au nombre de cinq. L'acte final est en effet suivi d'un traité entre l'Allemagne, la Belgique, la France, la Grande-Bretagne et l'Italie, d'une convention d'arbitrage entre l'Allemagne et la Belgique, d'une convention d'arbitrage entre l'Allemagne et la France, d'un traité d'arbitrage entre l'Allemagne et la Pologne, et enfin d'un traité d'arbitrage entre l'Allemagne et la Tchécoslovaquie.

Un « projet de lettre à la délégation allemande » signé par les délégués « alliés », deux accords, l'un entre la Pologne et la France, l'autre entre la Tchécoslovaquie et la France complètent la liste des instruments rédigés à Locarno.

* *
*

L'acte final énumère les *traités paraphés à Locarno* dans le but « de préserver du fléau de la guerre » les nations signataires et de « pourvoir au règlement pacifique des conflits de toute nature qui viendraient éventuellement à surgir entre certaines d'entre elles ». Il indique que « la France, la Pologne et la Tchécoslovaquie ont également arrêté à Locarno des *projets d'accords* en vue de s'assurer réciproquement le bénéfice desdits traités, et que des accords seront régulièrement déposés à la Société des Nations ».

Il mentionne, en outre, la *lettre* des « Alliés », explicative de l'article 16 du Pacte de la Société des Nations.

Ainsi, ces trois résultats de la négociation de Locarno sont intimement liées ; les uns ne peuvent, sans les autres, entrer en vigueur.

« Les Représentants des Gouvernements ici représentés déclarent avoir la ferme conviction que l'entrée en vigueur de ces traités et conventions contribuera grandement à amener une *détente morale* entre les nations, qu'elle facilitera puissamment la solution de beaucoup de problèmes politiques ou économiques conformément aux intérêts et aux sentiments des peuples et qu'en raffermissant la paix et la *sécurité* en Europe, elle sera de nature à hâter d'une manière efficace le *désarmement* prévu par l'article 8 du Pacte de la Société des Nations.

« Ils s'engagent à donner leur concours sincère aux travaux déjà entrepris par la *Société des Nations* relativement au désarmement, et à en rechercher la réalisation dans une entente générale. »

Cette dernière partie de l'acte final de la Conférence de Locarno prouve éloquemment dans quel esprit et vers quel but tous les participants ont entendu conduire les négociations.

Le pacte rhénan conclu entre l'Allemagne, la Belgique, la France, la Grande-Bretagne et l'Italie a été rédigé dans la volonté de « satisfaire au désir de sécurité et de protection qui anime les nations qui ont eu à subir le fléau de la guerre de 1914-1918 », et « de donner à toutes les Puissances signataires intéressées des garanties complémentaires dans le cadre du Pacte de la Société des Nations et des traités en vigueur entre elles. »

L'article premier garantit le *statu quo* territorial et l'inviolabilité des frontières fixés à Versailles ainsi que l'observation des dispositions du traité concernant la zone démilitarisée.

L'article 2 est la proscription solennelle par l'Allemagne, la France et la Belgique de toute « *attaque* ou *invasion*, de tout recours *en aucun cas* à la guerre. Mais il est stipulé que cette clause ne s'appliquera pas au cas de légitime défense résultant : 1º de la violation de l'engagement pris de ne se livrer à aucune attaque ou invasion ; 2º d'une contravention flagrante aux articles 42 ou 43 du traité, qui ne serait pas due à une provocation et qui aurait entraîné des rassemblements de force dans la zone démilitarisée, rendant une action immédiate nécessaire. La clause ne s'appliquera pas davantage au cas d'une action motivée, soit par l'application de l'article 16 du Pacte de la Société des Nations, soit par l'application d'une décision du Conseil ou de l'Assemblée de la Société des Nations, soit de la liberté d'action autorisée, par l'article 15 § 7 du Pacte, à la suite d'un des accords au sein du Conseil, pourvu toutefois, dans ce dernier cas, que cette action soit dirigée contre un État agresseur.

L'article 3 porte l'engagement de la France, de la Belgique et de l'Allemagne de « régler par voie pacifique toutes questions de quelque nature qu'elles soient, qui viendraient à les diviser ».

Toute question qui porterait sur la question d'un droit serait soumise à des juges, à la décision desquels les parties s'engagent à se conformer.

Toute autre question sera soumise à une « Commission de conciliation » ; si l'arrangement qu'elle propose n'est pas accepté, le Conseil de la Société des Nations statuera.

S'il y a violation ou contravention aux articles relatifs à la zone démilitarisée, est-il porté à l'article 4, le Conseil de la Société des Nations doit être immédiatement saisi. Constate-t-il la violation ou la contravention, chaque puissance signataire doit immédiatement apporter son assistance à la puissance contre laquelle l'acte incriminé aura été dirigé.

S'il y a violation *flagrante* ou contravention *flagrante* soit à l'article 2 du présent pacte qui interdit tout acte d'agression, soit aux articles du traité relatif aux zones démilitarisées, chacune des puissances contractantes « s'engage dès à présent à prêter immédiatement son assistance à la partie contre laquelle une telle violation ou contravention aura été dirigée dès que la dite puissance aura pu se rendre compte que cette violation constitue un acte non provoqué d'agression et qu'en raison soit du franchissement de la frontière soit de l'ouverture des hostilités ou du rassemblement des forces armées dans la zone démilitarisée une action immédiate est nécessaire. »

Le Conseil de la Société des Nations est néanmoins saisi de l'affaire et les puissances contractantes doivent agir, dès son avis rendu, en conformité avec sa décision.

L'article 5 défère au Conseil de la Société des Nations l'une des trois puissances rhénanes qui ne se serait pas conformée aux méthodes de règlement pacifique prévues ou n'aurait pas exécuté une sentence arbitrale ; elle autorise la prise de sanctions précédemment prévues au cas où elle se serait, en outre, livré à une agression ou à une violation de clauses concernant la zone démilitarisée.

L'article 6 affirme l'intangibilité des droits et obligations résultant du Traité de Versailles et de l'accord de Londres.

L'article 7 énonce que le pacte rhénan ne peut, en aucun cas, restreindre la mission de la Société des Nations ni l'empêcher de prendre les mesures propres à sauvegarder efficacement la paix du monde. La durée du pacte est prévue à l'article 8. Il restera en vigueur jusqu'à ce que le Conseil de la Société des Nations, à la majorité des deux tiers, constate que la Société des Nations assure aux parties contractantes « des garanties suffisantes ».

L'article 9 écarte du présent pacte les Dominions britanniques et l'Inde à moins qu'ils n'acceptent ces obligations.

L'article 10 fixe la date de la mise en vigueur du pacte à l'entrée de l'Allemagne dans la Société des Nations.

Les conventions d'arbitrage entre l'Allemagne et la Belgique, entre la France et la Belgique, sont identiques. Elles comportent vingt et un articles et spécifient le fonctionnement de l'arbitrage tel qu'il est prévu au pacte rhénan, arbitrage qui pourra, selon les cas, être confié à un tribunal arbitral, à la Cour permanente de justice internationale, à la « Commission permanente de conciliation », composée de cinq membres : un allemand, un français, trois ressortissants de tierces puissances et de nationalités différentes.

La procédure à employer par la Commission permanente de conciliation est minutieusement indiquée. Au cas où elle ne parviendrait pas à accorder les parties, le litige serait évoqué devant le Conseil de la Société des Nations.

Les traités d'arbitrage entre la Pologne et l'Allemagne, entre la Tchécoslovaquie et l'Allemagne sont également identiques. Hors le préambule et un article supplémentaire, ils sont conçus sur le même type que les précédents. Le préambule de ces deux traités révèle une singulière importance.

« Il constate que le respect des droits établis par les traités ou résultant du droit des gens est *obligatoire* pour les tribunaux internationau. »

« Il reconnaît que *les droits d'un État ne sauraient être modifiés que de son consentement* » et considère « que la sincère observation des procédés de règlement pacifique des différends internationaux permet de résoudre sans recourir à la force les questions qui viendraient à diviser les États. »

L'article supplémentaire est la répétition de l'article 7 du pacte rhénan auquel ni la Tchécoslovaquie ni la Pologne ne sont parties et qui vise à ne pas restreindre les pouvoirs de la Société des Nations.

Le projet de lettre des « Alliés » à l'Allemagne au sujet de l'interprétation de l'article 16 du Pacte de la Société des Nations indique que si les gouvernements français, belge, anglais, italien, tchèque, polonais n'ont qualité pour se prononcer au nom de la Société, ils considèrent toutefois que l'article 16 doit être entendu en ce sens que chacun des états membres de la Société « *est tenu de collaborer loyalement et efficacement pour faire respecter le Pacte et pour s'opposer à tout acte d'agression, dans une mesure qui soit compatible avec sa situation militaire, et qui tienne compte de sa position géographique.* »

Dans les accords en quatre articles passés entre la France et la Pologne, la France et la Tchécoslovaquie, ces puissances, « également soucieuses de voir l'Europe s'épargner la guerre par une sincère observation des engagements pris en date de ce jour en vue du maintien de la paix générale, ont résolu de s'en garantir réciproquement les bienfaits par un traité conclu dans le cadre du Pacte de la Société des Nations et *des Traités existant entre eux* (1). »

L'essentiel des traités se résume en cette clause.

« Dans le cas où la Pologne ou la France viendrait à souffrir d'un *manquement aux engagements* intervenus en date de ce jour, entre elles et l'Allemagne en vue du maintien de la paix générale, la France et réciproquement, la Pologne, agissant par *application de l'article 16 du Pacte de la Société des Nations*, s'engagent à se prêter *immédiatement* aide et assistance, *si un tel manquement est accompagné* d'un recours aux armes qui n'aurait pas été provoqué. »

Ainsi voilà sèchement résumés ces documents signés ou paraphés à Locarno et qui pour employer la si forte expression de M. Chamberlain marquent « la victoire de la paix sur la guerre ».

Désormais, à côté des clauses de sécurité contenues dans le Traité de Versailles et dans le Pacte de la Société des Nations, la France pourra se prévaloir des traités de Locarno.

Ceux-ci marquent le début d'une ère nouvelle. Formule raillée et trop de fois employée pour masquer des mécomptes ou des utopies, dira-t-on, mais formule adéquate aux circonstances si l'on veut se rappeler que les représentants, les opinions publiques de chacun des États participants à la Conférence se sont loués de sa réussite.

Avant la clôture de la séance terminale, M. Vandervelde,

(1) Traité franco-polonais signé par MM. Briand et Sapieha, le 19 février 1921.

(2) Traité franco-tchécoslovaque signé par MM. Poincaré et Benès, le 25 janvier 1924 (*voir texte aux Annexes* 12 *et* 13).

au nom de la Belgique, s'est félicité de voir « les peuples qui ont subi le fléau de la guerre prendre l'engagement sacré de ne plus recourir à la force et mettre leurs garanties mutuelles sous la garantie souveraine de la Société des Nations où il n'y a plus que des peuples unis sous le règne de l'égalité » ; M. Chamberlain, au nom de la Grande-Bretagne a exprimé ses espoirs et formule ses souhaits, « ce que nous avons accompli, a-t-il ajouté, n'est pas une fin, mais un commencement ». M. Briand, au nom de la France, salue « l'Europe nouvelle qui se lève » et les prémisses du rapprochement franco-allemand ; M. Streseman, au nom de l'Allemagne apporte aux actes de Locarno une acceptation « non seulement sincèrement mais joyeusement. »

C'est pour nous une garantie essentielle de paix que de la voir se fonder dans la « joie » et dans une volonté commune. Pouvons-nous considérer que les accords récents sont dignes de légitimer la confiance que leurs auteurs placent en eux? Nous le croyons.

Les accords de Locarno diminuent singulièrement les risques de guerre sur le Rhin et sur les frontières orientales de l'Allemagne. Le réseau trop lâche du Pacte est précisé. La garantie mutuelle solennellement affirmée, l'arbitrage reconnu obligatoire sont deux notions à la source même de la sécurité.

Mais, dira-t-on, les accords marquent un recul dans la situation internationale de la France, une abdication de la Société des Nations?

La France aurait capitulé? Sur quoi? L'intangibilité du Traité de Versailles est proclamée, entraînant implicitement la renonciation de l'Allemagne sur l'Alsace-

Lorraine ; les droits aux réparations restent entiers ; le plan Dawes est consacré.

La France aurait-elle consenti à quelque amputation de droit théorique qu'elle tenait du Traité de Versailles ? C'est possible. Pourquoi s'en plaindrait-elle, puisque ce recul lui fait quitter l'abstrait pour entrer dans le concret, une véritable métaphysique juridique pour entrer dans le domaine réel des faits ?

Abandonne-t-elle cette prétendue « liberté d'action » qui constitue d'ailleurs une formule vide de sens dans un monde où l'interdépendance des États s'avère de plus en plus étroite ? Peut-être, mais à quoi cela aurait-il servi de se battre autour d'un mot creux... pour la satisfaction d'une politique de panache ?

Les relations de la France avec la Pologne et avec la Tchécoslovaquie sont fortifiées ; l'évocation de l'article 16 du Pacte de la Société des Nations indique clairement que la France n'entend renoncer à aucune des obligations qu'elle considère comme sacrées et les traités de garantie prouvent sa fidélité.

Victoire unilatérale de l'Allemagne ? Non, mais victoire de toutes les puissances contractantes puisque toutes bénéficient de ce renforcement de la paix. Et l'opposition des nationalistes allemands, les déclarations du comte Westarp, prouvent abondamment que M. Streseman, en paraphant « joyeusement » l'accord, n'a pas satisfait aux intransigeantes revendications des extrémistes de chez lui.

Certes, on peut s'étonner que l'article 8 du Pacte rhénan fasse dépendre d'un vote des deux tiers des membres du Conseil de la Société des Nations l'abrogation des stipulations de Locarno.

La règle du pacte de la Société des Nations est l'unanimité. La prise de sanctions, en particulier, doit être
décidée par l'unanimité des membres du Conseil. Est-il
possible que la suppression de fortes garanties — car
c'est à cela qu'équivaudrait l'abrogation du Pacte rhénan — ne dépende que de la volonté des deux tiers des
membres du Conseil? On répondra, il est vrai, que cette
majorité n'entre en jeu que si la Société des Nations
offre aux signataires du Pacte des garanties « suffisantes »
Pourquoi le mot « équivalentes » n'a-t-il pas été employé?
Qui sera juge de la « suffisance » des garanties? Le Conseil
lui-même. A quelle majorité? Celle des deux tiers, sans
doute. Et que signifient les mots « garanties suffisantes? »
Il est notoire, et toute notre étude l'a prouvé, que les
garanties du Pacte si importantes qu'elles soient, sont
insuffisantes. Le pacte rhénan, dans son préambule, le
reconnaît puisqu'il juge nécessaire d'adjoindre au
Covenant *des garanties complémentaires*. Le Pacte de la
Société des Nations ne pourra donc offrir de « garanties
suffisantes » que s'il est amendé ou complété. Or, les
amendements au Pacte doivent être votés à l'unanimité ;
Mais « tout membre de la Société (article 26 du Pacte)
est libre de ne pas accepter les amendements apportés
au Pacte, auquel cas il cesse de faire partie de la Société ».
Ainsi la grave objection qu'on a faite aux accords de
Locarno tombe, puisqu'il faudra une décision *unanime*
pour renforcer le Pacte et ce n'est que lorsque le Pacte
sera renforcé que le vote du Conseil, *à la majorité des
deux tiers*, reconnaîtra l'inutilité du maintien du Pacte
rhénan, comme étant superfétatoire.

D'ailleurs, les accords de Locarno se greffent sur les
traités déjà existants : ils n'annulent aucun des actes

précédents. Ils constituent l'aménagement juridique
du Traité de Versailles, le lien qui mettra désormais en
harmonie les clauses de ce traité et le Pacte de la Société
des Nations qui en forme le frontispice un peu indépendant.

L'accord de Locarno — car le pacte rhénan, les conventions d'arbitrage franco-allemande et belgo-alle-
mande, les traités d'arbitrage polono-allemand et tchéco-
allemand forment un seul instrument, un tout insépa-
rable — se réfère constamment au pacte de la Société
des Nations. C'est une garantie d'efficacité supplémentaire mais indispensable d'avoir associé, à la vie de
ces traités, la Société des Nations (c'est elle qui, en fait,
règlera leur application et connaîtra des contestations
qui pourraient s'élever au sujet de leur interprétation)
comme c'est une garantie d'efficacité pour le pacte de
la Société des Nations, d'avoir été renforcé par la procédure méticuleuse de Locarno.

Les principes directeurs de ces actes sont issus du
Protocole de Genève. Leur préambule lie la question de
la sécurité à celle du désarmement et fait du règne de
la sécurité la condition du désarmement certain.

Le pacte rhénan qui contient l'essence des conventions
d'arbitrage conclues entre l'Allemagne et la France,
l'Allemagne et la Belgique s'inspire des travaux qui,
en 1924, avaient abouti au Protocole. On y retrouve
quelques-uns des moyens prévus pour la constatation de
l'agresseur et certaines des formes de procédure alors
suggérées et le texte du projet des lettres des « Alliés »
à la délégation allemande est directement inspiré de
l'article 11 du Protocole de Genève. C'est lui qui a fait,
pour la première fois, entrer en considération des ques-

tions de situation économique et géographique pour la
détermination des sanctions.

La Société des Nations conserve et accroît même ses
pouvoirs d'arbitrage. Loin d'être ignorée ou méconnue,
elle reste la base de tout le système qu'on établit.

Ses pouvoirs ne sont pas amoindris et l'article 7 du
pacte rhénan indique qu'en aucun cas son texte ne pourra
être interprété comme « restreignant la mission » de la
Société des Nations. Le pacte rhénan constitue donc
une garantie supplémentaire et particulière, qui nous
apparaît d'autant plus efficace que les puissances contractantes ont *volontairement* offert leur signature, qu'il
est bilatéral et qu'il laisse subsister toutes les stipulations
du Pacte de la Société des Nations.

Ainsi le Pacte de la Société des Nations demeure
dans l'intégralité de ses stipulations ; l'esprit du Protocole anime tous ces accords dont aucun n'est incompatible avec son éventuelle mise en vigueur. Si le Protocole
ressuscite, il ne tuera pas les accords de Locarno, car
ceux-ci en seront le plus puissant renforcement.

Les grandes puissances ont intérêt à ce que les accords
de Locarno se révèlent efficaces.

Pour la Grande-Bretagne, c'est une possibilité de se
soustraire à des obligations aussi précises mais plus étendues comme celles que comportait le Protocole ; elle
n'a aucune responsabilité individuelle à encourir au sujet
de l'application des traités d'arbitrage orientaux ; sa
signature est seulement apposée aux côtés de l'Allemagne
et de la France, au bas d'un acte qui n'étant dirigé contre
personne, favorise sa politique d'apaisement européen.

Pour l'Allemagne, c'est sa rentrée, aux moindres frais,
dans le concert européen, la reconnaissance de sa puis-

sance, c'est son admission vraisemblable au Conseil de la Société des Nations, c'est l'espérance d'une évacuation des territoires occupés, la fin d'une politique de coercition qui faisait le jeu des nationalistes.

Pour la Tchécoslovaquie et la Pologne, c'est le maintien de la garantie française à laquelle s'adjoint la plus importante garantie allemande. M. Benès peut se déclarer satisfait de voir les guerres, dans l'Est européen, rendues sinon impossibles, du moins très difficiles, et M. Skrynski peut « saluer avec joie le pacte qui consolide une alliance française épaulée sur tout un système de sécurité ».

Pour la Belgique et la France, c'est la sauvegarde réclamée depuis 1918 et que le Traité de Versailles n'avait pas su leur apporter. Pour la France, en particulier, c'est le triomphe de ses justes conceptions premières, la réalisation des principes liminaires posés par M. Herriot. Les différents points sur lesquels s'arquait M. Briand dans sa première réponse à l'Allemagne se retrouvent intacts dans le texte final : adhésion de l'Allemagne à la Société des Nations, pas de limitation de temps pour la durée des accords, arbitrage obligatoire pour tous les litiges, liaison à établir entre le pacte rhénan et les traités d'arbitrage orientaux.

Les accords de Locarno marquent donc un succès considérable pour la diplomatie française qui, une nouvelle fois depuis le 11 mai 1924, identifie ses méthodes à celles de la paix.

Peut-être les traités franco-tchécoslovaques et franco-polonais eussent-ils pu opportunément contenir des clauses de bilatéralité. La France s'est engagée à prêter secours à la Pologne et à la Tchécoslovaquie contre l'Allemagne. Certains esprits impartiaux d'Allemagne se demandent, avec quelque raison, si forte du précédent du pacte rhénan qui garantit une agression française comme une agression allemande, la France n'eût pu garantir l'Allemagne contre la Pologne et la Tchécoslovaquie. L'équilibre des actes de Locarno eût alors été parfait ; ni la France, ni ses alliés, avec qui elle eût pu maintenir ses traités n'eussent eu à souffrir de cette adjonction.

Mais, en tous cas, l'acte de Locarno met une pierre tumulaire sur les espoirs des ultranationalistes allemands qui persistaient à arguer d'un prétendu droit de l'Allemagne sur l'Alsace-Lorraine ; réciproquement, il met un terme à toutes les vélléités qui se sont manifestées en France en vue de l'affirmation de ses prétendus droits historiques sur la rive gauche du Rhin.

Désormais, plus d'irrédentisme allemand sur une Alsace-Lorraine française, d'autre part, plus de prétentions françaises, sur une rive gauche du Rhin germanique.

L'acte de Locarno est une reconnaissance formelle de paix, sur le papier, en théorie. Pour que son efficacité soit certaine, il faut le faire entrer « dans le cœur des peuples », il faut réaliser le double désarmement matériel et des esprits, mais il faut aussi *étendre ses bénéfices* à des régions qui n'ont pas été davantage épargnées par les guerres ; il faut l'étendre à toute l'Europe.

Une étude monographique nous permettra d'observer dans quelles conditions des accords semblables à ceux de Locarno pourraient s'établir et à qui il faut tenter d'en assurer le bénéfice.

VIII

Y A-T-IL UN PROBLÈME
DE LA SÉCURITÉ BRITANNIQUE?

La situation géographique de la Grande-Bretagne, isolée du continent européen et, par sa position insulaire, placée en quelque sorte hors de l'Europe, l'amène à envisager les questions internationales sous un angle particulier. Elle n'a point de voisin immédiat et se trouve séparée des agresseurs possibles par le fossé de la Manche.

Son état économique de nation industrielle qui ne saurait suffire à son propre ravitaillement, la nécessité où elle se trouve de recevoir régulièrement ses approvisionnements les plus essentiels des contrées éloignées, l'a poussée à l'établissement de lignes maritimes régulières, de postes de charbonnage éparpillés à tous les carrefours de navigation, et à la protection de ces lignes. Le besoin où elle se trouve de rester en contact permanent avec les différentes nations de l'Empire, avec les Dominions, vient encore préciser la position du problème. La Grande-Bretagne, cela ne saurait faire de doute pour personne, est la nation du monde la plus intéressée à l'établissement et au maintien de la sécurité maritime. Mais ce n'est point cette question, qui dépasse le cadre de cet ouvrage, que nous avons l'intention d'examiner.

Le problème qui va nous occuper et dont la solution est bien moins évidente que celle de la question qui précède est le suivant : la Grande-Bretagne a-t-elle un besoin matériel quelconque d'assurer sa sécurité vis-à-vis du continent européen? En d'autres termes, doit-elle ou peut-elle s'intéresser au règlement de la sécurité continentale, c'est-à-dire à l'organisation de l'Europe contre la guerre?

A cette question, nous allons voir qu'il n'est possible de répondre que par l'affirmative.

L'enseignement de l'histoire tout d'abord vient nous montrer à quel point l'Angleterre a été constamment et étroitement liée aux destinées de l'Europe.

Sans doute, est-ce une doctrine essentiellement britannique que celle du « splendide isolement » qui consiste à considérer le Royaume-Uni comme indifférent aux avatars européens. Les impérialistes anglais, qui veulent que leur pays tourne toute son activité vers l'expansion coloniale, s'efforcent de ne point s'engager dans l'engrenage diplomatique continental, tandis qu'une fraction importante du parti travailliste, poussée par des raisons d'ordre essentiellement pacifiste, redoute que l'Angleterre ne soit, comme en 1914, entraînée dans un conflit à la suite d'une querelle orientale, oubliant en cela que si même la Grande-Bretagne pouvait par impossible demeurer indifférente à la sécurité de la frontière polono-allemande, par exemple, la question du Rhin ou celle des Détroits ne saurait être réglée en dehors d'elle.

Il y a quelques mois, le *Daily Chronicle*, organe libéral de M. Lloyd George, exprimait, à la suite de l'accord intervenu à Genève entre MM. Aristide Briand et Chamberlain, au sujet de la réponse à adresser au gouvernement du Reich relativement à la proposition allemande d'un pacte de garantie, l'inquiétude que la démocratie britannique ne fût entraînée dans de nouvelles complications et n'eût de nouveaux sacrifices à accomplir pour assurer l'intégrité des frontières polonaises, ajoutant que l'Empire constituait un tout dont les Iles britanniques ne sont qu'une fraction, que son centre de gravité n'est point en Europe Centrale, mais là où il faut défendre les communications essentielles entre la Métropole et les Dominions.

Doctrine qui n'est pas nouvelle, mais à laquelle s'est opposée en fait toute la politique britannique, même celle de ses plus résolus Jingoes.

Il serait long de rappeler qu'au cours même de la seule période moderne, le Royaume-Uni a été constamment partie aux conflits européens. Il était entraîné dans la lutte par sa politique traditionnelle qui l'obligeait à empêcher qu'une puissance quelconque pût établir sa suprématie. En d'autres circonstances, et notamment lorsque des conflits intéressèrent le proche Orient, il intervint pour interdire à une puissance européenne quelconque de dominer Constantinople, dont le sort importe à la sécurité de ses relations avec ses colonies et ses lignes de navigation.

Ainsi, sans que nous voulions un instant contester le caractère primordial qu'offre pour l'Angleterre la question de la sécurité maritime, sans nier l'évidence qui veut qu'elle soit entraînée dans l'orbe de la politique de l'Empire qui n'aboutit pas à l'Europe, l'histoire nous montre que quoiqu'elle en eut, elle n'a jamais pu demeurer étrangère aux conflits européens.

Mais ceux qui veulent voir la Grande-Bretagne détourner ses regards des complications continentales et consacrer ses efforts aux tâches extra-européennes, pourront peut-être nous répondre que c'est là une erreur qu'ont commise les divers gouvernements britanniques, erreur aboutissant aux sacrifices consentis pendant la dernière guerre, et que c'est le devoir de ceux qui ont la charge des intérêts britanniques, d'adopter une plus claire notion des choses et de ne pas se laisser entraîner à intervenir dans les affaires du continent.

Argument qui ne résiste pas à l'examen de deux faits essentiels sur lesquels reposent notre argumentation

La première vérité qu'il convient d'établir est celle-ci : *la Grande-Bretagne n'est aucunement à l'abri d'une attaque européenne.*

Sa situation insulaire pouvait naguère lui permettre de ne pas craindre de voir la guerre portée sur son territoire, La défense de ses côtes de la Manche, la puissance de sa flotte l'autorisaient à ne considérer un débarquement que comme une hypothèse fantaisiste et irréalisable.

Au cours du siècle dernier, et l'on pourrait même dire au début de celui-ci, la Grande-Bretagne pouvait légitimement considérer que sa situation extra-européenne la libérait de toute préoccupation de sécurité. Elle n'avait subi aucune invasion depuis le moyen-âge et sa constitution en nation organisée. Elle n'avait jamais été mêlée à une guerre que si elle l'avait voulu et en tous cas les hostilités n'avaient jamais été portées sur son territoire. Elle n'avait rien à redouter directement du continent.

Telle n'est plus la situation. Nous n'en sommes plus au

temps où Napoléon, massant ses bataillons à Boulogne
hésitait à les embarquer pour envahir les Iles Britanniques. Les conditions de la guerre moderne sont telles
que si l'Angleterre ne participe pas aux négociations, et
n'assure pas sa sécurité par les moyens contractuels
internationaux, elle risquera de connaître ce qu'elle a
toujours ignoré, les horreurs de la guerre.

Car il faut se persuader de cette idée : dans le monde
moderne, en raison des procédés scientifiques de combat à longue distance, la Grande-Bretagne est placée
vis-à-vis des possibilités et des risques de guerre, sur
le même plan que les autres puissances. Le problème
de la sécurité se pose de la même manière pour elle que
pour les nations continentales.

Qui le pourrait nier, se souvenant des leçons de la
guerre de 1914-18, des bombardements effectués le
long de la côte de la Manche par des escadrilles de
croiseurs allemands, des raids de dirigeables allemands
jetant des bombes toutes les nuits sur le centre de
Londres ? L'Angleterre était-elle alors à l'abri ?

Le serait-elle aujourd'hui, alors que le progrès — si
l'on peut dire ainsi — des armements, permet de porter
les hostilités à plusieurs centaines de kilomètres au delà du
front des armées combattantes ? Un ennemi installé
sur la rive continentale de la Manche tiendrait à portée
de ses canons Londres même et les ports de guerre de la
côte. Ses avions seraient en quelques instants au-dessus
des centres industriels les plus nécessaires à la Grande-
Bretagne et si même la défense maritime rendait impossible un débarquement, les Iles Britanniques connaî-
traient la guerre dans toutes ses manifestations.

A ce premier point de vue par conséquent, l'Angleterre étant sujette aux mêmes attaques que les nations continentales, il existe pour elle un problème de la sécurité, si elle veut éviter les conséquences *directes* d'une guerre.

*
* *

Mais laissant de côté à présent la sécurité des Iles Britanniques qui, ne résultant plus de leur configuration géographique, doit être élaborée comme celle des autres puissances, voyons rapidement si elles n'ont pas un intérêt essentiel à s'intéresser à la sécurité continentale et à être partie aux conventions qui pourront la régir.

Du seul point de vue économique et commercial, qui constitue la préoccupation britannique essentielle et établit en même temps dans le monde une solidarité, une interdépendance indéniables, il est hors de doute qu'elle ne saurait se désintéresser de la paix européenne, car c'est bien à cela que se ramène en dernière analyse la question de la sécurité.

Pour se procurer le ravitaillement de certaines matières qui lui sont indispensables, acheter tels produits qu'elle manufacturera, vendre du charbon, maintenir en un mot ou accroître le nombre et la prospérité des échanges qui font sa grandeur en même temps que sa richesse, la Grande-Bretagne a besoin de trouver en Europe une contre-partie paisible et apaisée, en d'autres termes, un continent assuré de la paix.

Si à présent, nous examinons la question diplomatique qui se ramène au demeurant à la question mili-

taire, déclarons immédiatement que là aussi, l'Angleterre est intéressée à la sécurité de l'Europe.

Sans doute pouvons-nous admettre que le sort et
le tracé des fontières nord-orientales du continent
européen ne puissent pas avoir de répercussions graves
sur sa situation propre. Mais, peut-on en dire autant
des frontières de la Turquie mettant en jeu Constantinople, dont l'histoire a prouvé l'intérêt que lui porte
le Royaume-Uni ? Peut-on en dire autant de la frontière
du Rhin ?

L'Angleterre a besoin que les limites d'États à l'Occident de l'Europe soient maintenues sur leurs bases actuelles, car elle ne saurait permettre l'établissement de
l'hégémonie d'une puissance quelconque sur les côtes
de la Manche et de la Mer du Nord, pour les raisons
mêmes que nous avons indiquées dans la première partie
de ce chapitre. Jamais aucun homme d'État n'a démenti qu'Anvers fût un pistolet braqué au cœur
même de l'Angleterre.

Or, être intéressé au maintien des frontières actuelles
à l'ouest de l'Europe, ou plus exactement avoir un besoin
vital du *statu quo* territorial ouest-européen, n'est-ce
pas vouloir que ces frontières soient garanties, que les
États ne se livrent pas à des guerres pour les boulever-
ser, que les puissances vivent en paix, en un mot,
que la sécurité nationale soit établie ?

Ainsi, il nous est permis de répondre à la question
que nous posions en tête de ce chapitre, qu'il y a bien
un problème de la sécurité britannique. Il apparaît
tout d'abord comme une question particulière qui impose à la Grande-Bretagne de se soucier de sa propre
sécurité, et ensuite comme une question générale,

comme la sécurité occidentale tout entière, dans le cadre de laquelle le Royaume-Uni est bien forcé de se ranger, sous peine des pires désastres.

L'Angleterre est aussi intéressée qu'aucun autre État à la sécurité, car on pourrait paraphraser à son égard le mot de Lucrèce : « Rien de ce qui est européen ne lui est étranger ».

Son adhésion au seul pacte rhénan et non au traité d'arbitrage est la preuve de ces constatations.

IX

LE PROBLÈME BALTIQUE ET POLONAIS

Les États baltes, détachés de l'ancienne Russie, limitrophes de l'Allemagne (Prusse Orientale), de la Pologne, et de l'U. R. S. S., possèdent des frontières maritimes étendues sur la mer Baltique et le golfe de Finlande avec des ports comme Revel et Riga ; mais les frontières qui existent entre eux, ou bien entre eux et la Pologne ou l'U. R. S. S. n'ont aucunement le caractère de frontières naturelles, limitées soit par des chaînes de montagnes, inexistantes dans cette fin de la plaine est-européenne, soit par des cours d'eaux. Ce sont des tracés purement diplomatiques, établis la plupart du temps suivant des considérations ethniques consacrées par des plébiscites.

Il en résulte que là, plus que partout ailleurs, la question de sécurité est un problème de limites territoriales et que la seule question à envisager consiste à se demander par quels moyens peuvent être garanties ces limites.

Les frontières qui séparent ces différents États n'ont pas été imposées à la suite d'une guerre les divisant. Elles ont au contraire été tracées lors des traités en tentant de tenir compte du vœu des populations et de la répartition ethnique des habitants. Le premier postulat sera donc celui-ci : les frontières qui séparent les États baltes et leurs frontières avec la Pologne, doivent être maintenues suivant leur tracé actuel. La sécurité doit donc être en l'espèce celle du *statu quo* territorial.

Cette garantie des frontières ne peut résulter que d'un pacte à quatre de sécurité réciproque comprenant les trois États baltes (Esthonie, Lithuanie, Lettonie) et la Pologne, comme il existe dans le Traité de Riga.

Par une convention de cette nature, les États en question doivent s'engager les uns envers les autres à garantir leur intégrité territoriale et le *statu quo* de leur frontière et à ne se livrer à aucun acte d'agression. La sanction de cette obligation résiderait dans un concours qui serait immédiatement porté à l'État attaqué par toutes les nations signatrices du pacte.

Ainsi, à notre sens, la sécurité États Baltes-Pologne doit être établie par un pacte à quatre de non agression et d'aide réciproque.

*
* *

L'Est-Europe connaît un problème d'une importance bien plus générale et d'une acuité plus vive que celui des rapports États Baltes entre eux. C'est celui des relations germano-polonaises, qui, en raison de la manière dont il se pose doit aboutir à une réglementation acceptée par les deux puissances et résolvant par un accord mutuel les deux questions qui sont à l'heure actuelle la clef de voûte de la paix orientale : les traités d'arbitrage signés à Locarno sont l'indice qu'on suit la route qui mène à l'entente.

Le premier point de litige est la Haute-Silésie.

On sait qu'aux termes de l'article 88 du Traité de Versailles, les territoires de cette province devaient faire connaître par un plébiscite de leurs habitants s'ils désiraient être rattachés à la Pologne ou bien au Reich.

Lorsque la Commission Internationale fît parvenir au Conseil Suprême son rapport sur la consultation nationale du 20 mai 1921, une insurrection polonaise éclata. Le Conseil Suprême fut impuissant à effectuer un rapprochement entre les thèses en présence et la discussion menaçait d'entraîner un conflit armé. Le 12 août, M. Briand, président du Conseil Suprême, soumit la question au Conseil de la Société des Nations, auquel il était demandé de « faire connaître la solution qu'il recommandait sur le tracé de la ligne qu'il appartient aux principales puissances alliées et associées d'établir ». Le 29 août, le Conseil acceptait cette mission. Le 12 octobre, il adoptait une recommandation concernant le tracé de la frontière entre la Pologne et l'Allemagne en Haute-Silésie, les mesures transitoires, concernant la vie économique et les clauses relatives aux droits et à la protection des minorités ethniques. Le 20 octobre, la Conférence des Ambassadeurs adoptait et faisait sienne cette recommandation, qui aboutit à la convention germano-polonaise du 15 mai 1922.

Une question réglée de cette manière ne saurait être remise en cause.

La Convention a été adoptée d'un commun accord, par l'Allemagne et la Pologne, suivant un plan établi par la plus haute autorité impartiale, la Société des Nations, compte tenu des situations ethniques et des nécessités économiques.

Les puissances intéressées, dont la volonté n'a pas été forcée, doivent donc reconnaître de bonne foi et définitivement le statut de la Haute-Silésie, tel qu'il a été établi et ne plus faire entendre de revendications sur les territoires qui ne leur ont pas été attribués.

Mais la question essentielle, qui met aux prises l'Allemagne et la Pologne, n'est pas celle-là : c'est celle de la ville libre et de ce qu'on est convenu d'appeler « le couloir » de Dantzig. Question particulièrement délicate et sensible, qui met en jeu à la fois des intérêts matériels et des sentiments moraux et qui a été résolue en quelques articles du Traité de Versailles, dont il n'est pas interdit d'envisager la modification. L'article 19 du Pacte y autorise, si certaines conditions sont remplies et l'accord germano-polonais de Locarno ne contient pas une consécration aussi solennelle que dans le pacte rhénan des frontières existantes.

La Pologne et l'Allemagne apporteront désormais au règlement de la question de Dantzig tout l'esprit de conciliation compatible avec leurs intérêts économiques et politiques.

Le Traité de Versailles, par ses articles 27 et 100 à 108 a créé un état de choses qui ne paraît pas pouvoir subsister en raison des oppositions qu'il suscite.

Comment se pose la question ?

La Pologne, nation jeune, en période de développement économique, a besoin de trouver toutes les facilités économiques possibles à ce développement. Parmi ces facilités, la plus essentielle est de posséder un débouché sur la mer libre. Ce débouché, les frontières ne le lui donnent pas sur son territoire national proprement dit. Elle est en effet séparée de la Baltique par les Républiques baltes et par la Prusse orientale. Pour pallier à cet état de choses, le Traité a coupé en deux le corps même de l'Allemagne, étendant le territoire polonais jusqu'aux portes mêmes de Dantzig, dont le port est placé sous le contrôle de la Société des Nations, mais où la Pologne a toutes les possibilités d'accès.

Quelles sont les conséquences politiques et diplomatiques de ces dispositions territoriales?

En ce qui concerne la ville même de Dantzig, il est hors de doute qu'elle constitue pour la Pologne, non seulement un excellent, mais le seul débouché possible sur la mer Baltique.

Port moderne, pourvu de vastes quais de débarquement et d'un outillage récent, bien abrité, voisin des détroits d'accès à la mer du Nord, il est le seul port qui puisse répondre aux besoins d'un hinterland tel que la Pologne. Il n'est donc pas possible d'envisager que, pour satisfaire à des revendications ethniques allemandes, ce port et cette ville soient restitués au Reich.

Aussi bien, Dantzig n'appartient-il pas à la République Polonaise. C'est une ville libre sous le contrôle de la Société des Nations. Il importe d'une manière essentielle au développement pacifique ultérieur de la Pologne que ce statut qui lui donne satisfaction soit maintenu, que la Société des Nations régisse la ville libre afin que les États qui l'entourent n'aient ni raison ni excuse de vouloir s'en emparer.

Le maintien du statu quo est-il également possible en ce qui concerne le « couloir », qui unit Dantzig au territoire polonais proprement dit? La question est d'autant plus délicate que la Grande-Bretagne, par son abstraction ou par certaines manifestations officieuses, a pris parti contre l'intangibilité des frontières orientales de l'Allemagne.

L'existence d'un fort État polonais la gêne alors que la reconstitution d'un vigoureux État allemand serait actuellement pour la satisfaire. La reprise d'échanges commerciaux considérables avec une Allemagne prospère est peut-être un remède à la crise du chômage. L'Allemagne redeviendra prospère si son unité économique est rétablie, si Dantzig lui appartient sans contrôle, si la Pologne ne sépare plus la Prusse orientale des autres territoires du Reich. Les libéraux anglais déclarent que « garantir sous une forme quelconque les frontières polonaises serait pour l'Empire Britannique un mensonge aussi grand que celui que feraient l'Allemagne ou la Russie en les acceptant même permanents ».

Les conservateurs tiennent un langage analogue, mais où seules apparaissent les préoccupations égoïstes. « Demander à l'Empire Britannique, qui ne se sent menacé d'aucun côté, de garantir à titre permanent la sécurité collective des pays limitrophes à l'orient de l'Allemagne, c'est proposer une responsabilité que la Grande-Bretagne ne peut pas assumer. »

Mais, en fait, la question ne se pose pas ainsi, et le fait d'une garantie ou d'un désintéressement anglais ne change nullement les éléments de la question.

L'Allemagne se trouve placée, en raison de l'existence du couloir, dans une situation particulièrement douloureuse. Établi en territoire allemand, ce couloir trace sur le sol du Reich une coupure vive, séparant la nation allemande en deux tronçons, et laissant la Prusse centrale sans relation et sans liaison avec la Prusse orientale et la Poméranie. C'est là une circonstance particulièrement grave car il est à envisager que ces deux parties de l'Allemagne tendent invinciblement à se rapprocher, comme les deux bords d'une plaie se cicatrisent. Évolution certaine que l'histoire justifiera immanquablement et que seules les clauses des Traités de Locarno pourront régler à l'amiable. La restitution pure et simple à l'Allemagne du territoire polonais constituant le couloir, serait inacceptable et est impossible. Il est indispensable que la Pologne dispose d'un libre débouché à Dantzig, et ce libre débouché ne peut exister que si cette ville demeure un port libre ; il importe qu'à ce libre débouché la Pologne ait un libre accès ; elle ne saurait l'avoir sur le territoire allemand, qui *couperait* inévitablement Dantzig de la Pologne ; cette région doit donc être dotée d'un statut particulier qui serait l'intermédiaire entre l'absolu actuel et la solution extrême que réclame l'Allemagne.

A une situation aussi complexe, opposant des sentiments aussi vifs et aussi légitimes, il faut adopter une solution équitable faisant la balance des intérêts en jeu. Cette solution ne peut résider que dans l'invisibilité apportée aux frontières du couloir. On prendra toutes mesures nécessaires, sous le contrôle de la Société des Nations, pour faire que le couloir, territoire polonais, ne fasse entre les deux Allemagnes nulle solution de continuité et pour donner à cet effet, à la Société des Nations un droit de regard. Ce ne serait pas là une violation des Traités, mais une application rationnelle. Cette bande de terrain pourrait aussi être neutralisée et comporter toutes les facilités de communication et de transit au profit des habitants et des marchandises des deux états : pas de barrière douanière pour les marchandises, pas de passeports pour les particuliers circulant de Prusse Orientale en Prusse Centrale.

La Pologne conserverait ainsi toutes facilités de communication avec son débouché maritime, tandis que l'ensemble du Reich ne serait plus séparé de la Prusse Orientale par un territoire trop étranger.

Toutes ces modifications légères mais licites, à l'état de choses actuel se feraient, en conformité avec les accords de Locarno et renforceraient, pour l'avenir, la solidité du pacte germano-polonais.

X

LA PETITE ENTENTE ET LE PROBLÈME
DANUBIEN

Lorsqu'entre la Tchécoslovaquie, la Roumanie et la Yougoslavie s'était scellée, par des textes précis, une amitié qui à l'épreuve devait engendrer une mutuelle protection, certains hommes inquiets et qui se fient plus aux apparences qu'aux réalités profondes, manifestèrent leur inquiétude de voir s'ébaucher un nouveau système d'alliance armée, survivance des anciennes pratiques d'avant-guerre et qui tend à ressusciter le danger d'une conflagration.

Or, les textes ont prouvé que la Petite Entente est une formation coopérative et défensive et que la crainte des Anglo-Saxons ou des Latins d'y déceler l'embryon d'un bloc slave belliqueux et dominateur est mal fondée.

Certes, à son origine, la Petite Entente est issue de la volonté de faire respecter territorialement les Traités de paix par une puissance qui passait pour vouloir restaurer une monarchie abolie et recouvrer des frontières qui avaient fait tant d'opprimés : la Hongrie.

Elle répondait aussi à deux préoccupations plus lointaines : une garantie contre la reconstitution de l'Empire austro-hongrois, un obstacle à la balkanisation de l'Europe.

Le traité entre la Tchécoslovaquie et la Yougoslavie (1920), l'accord verbal entre la Tchécoslovaquie et la Roumanie (1920), le traité entre la Tchécoslovaquie et la la Roumanie (1921), et le traité entre la Yougoslavie et la Roumanie sont l'attestation d'une bonne entente entre voisins. Leurs clauses marquent la volonté d'une union d'autant plus étroite que des adversaires intéressés, que des amis trop entreprenants n'ont jamais manqué aucune occasion soit d'accaparer l'alliance à son profit, soit d'y créer les fissures qui le détruiront.

La France, en 1920, avait tenté lourdement de s'abattre sur la Petite Entente naissante, d'y agglomérer la Hongrie blanche et revancharde de M. Horthy, au sein de laquelle M. Millerand avait su trouver des amis et des admirateurs et les gros industriels français des associés faciles, — et de faire de cet ensemble danubien une lice de combat contre le bolchevisme et un champ d'exploitation pour les capitalistes français.

L'Allemagne, de son côté, influençant Vienne et Budapest, tantôt doucereuse et tantôt menaçante à Prague, a tenté par la persuasion d'attirer la Petite Entente dans son orbite, ou par la ruse a espéré la noyer dans une Mitteleuropa reconstituée.

Les efforts de la France et de l'Allemagne furent vains. Ils se heurtèrent à la farouche volonté d'indépendance des Tchèques, des Yougoslaves et des Roumains qui provoquèrent toutes les occasions d'affirmer solennellement leur accord, de marquer qu'ils ont des conceptions originales de prouver qu'ils ne sont pas tenus d'écouter les sirènes occidentales.

Les deux caractères dominants de la Petite Entente sont l'établissement de ce pacte moral de coopération continue que MM. Herriot et Mac Donald adaptèrent quatre ans plus tard aux relations franco-anglaises et la volonté de former un front commun contre la Hongrie

Pacte moral de coopération continue ! Il n'y a là rien de contradictoire avec les notions générales de sécurité. Un échange permanent d'idées et d'impressions, un contact constant entre les diplomates et les intellectuels, des conférences annuelles entre les chefs de gouvernement, une discussion toujours ouverte sur les questions internationales dominantes et même sur certains problèmes d'ordre plus nationaux, tout cela, libre confrontation de thèses nationales, conciliation en une volonté d'action unique, prénétration et compréhension réciproque, ne pourrait que contribuer à renforcer l'esprit de paix si cette organisation créée autant par un sentimentalisme spontané que par un calcul de la raison s'élargit et en s'élargissant se dépouille de sa seconde tendance : son orientation contre la Hongrie.

De même que dans les projets de pacte entre l'Angleterre et la France, est inscrite constamment cette phrase préliminaire : « Au cas d'une agression directe et non provoquée de la part de l'Allemagne... », dans les traités de la Petite Entente, se trouve une condition équivalente : « Au cas où, sans y être provoquée, la Hongrie entreprendrait une attaque... »

Mais peu à peu cette clause trop particulière s'atrophie. Et dans des textes plus récents se révèle le souci d'établir un traité d'assistance mutuelle contre quiconque attenterait à la souveraineté ou à l'indépendance des puissances contractantes.

Cette évolution est satisfaisante. L'alliance contre une puissance déterminée ne remplit aucune des conditions de la vraie sécurité. Si défensive qu'elle soit, par son exclusivisme, elle est méfiante, devient provocante et peut être considérée comme offensive.

La Hongrie, entourée d'une Tchécoslovaquie, d'une Yougoslavie et d'une Roumanie, alliées contre elle en cas d'une velléité d'agression de sa part, pouvait se proclamer bloquée ou encerclée avec infiniment plus de raison que l'Allemagne ne le fit en 1914 pour justifier une guerre offensive à caractère préventif, donc, prétendait-elle, défensive.

La triple chaîne d'ententes le long du Danube s'est étendue par des accords particuliers dans différentes directions.

La Tchécoslovaquie s'est unie à la France par le traité du 25 janvier 1924 (voir Annexe n° 13), qui prévoit des mesures concertées sur les problèmes internationaux qui pourraient mettre en danger la sécurité des parties contractantes.

La Yougoslavie s'est réconciliée avec l'Italie, autour de Fiume, dotée d'un nouveau statut.

La Tchécoslovaquie a passé un traité avec la Pologne, aussi complet et aussi confiant pourrait-on dire, que ceux qu'elle a signés avec la Yougoslavie et la Roumanie Entre Prague et Varsovie s'est scellé un nouveau pacte moral de collaboration continue, à la suite de l'heureux règlement de l'épineuse contestation territoriale de Teschen.

Enfin, la Tchécoslovaquie — toujours à la tête des impulsions nouvelles — a négocié et signé un accord avec l'Autriche, ce qui a constitué le premier acte politique important passé entre une puissance dite alliée et une puissance ex-ennemie.

De cet ensemble d'alliances, de conventions, de neuves amitiés, que ressort-il du point de vue de la sécurité?

Pouvons-nous d'abord définir cette zone de sécurité de l'Europe Centrale qui est précisément la zone des conflits?

Nous avons traité et volontairement rejeté dans le chapitre des frontières orientales de l'Allemagne, tout ce qui touche aux frontières germano-tchèques qui ne sont pas contestées et aux frontières polono-allemandes.

Zone de sécurité comprenant tous les États édifiés ou agrandis avec les dépouilles de l'ancien Empire austro-hongrois : Tchécoslovaquie, Autriche-Hongrie, Roumanie, Yougoslavie, Pologne, Italie : c'est en somme toute l'Europe Centrale et Adriatique. Comment peut-on concevoir pour chacun des États qui la composent la vraie sécurité?

Problème d'autant plus complexe que s'y greffent les inextricables conflits des minorités ethniques.

Aujourd'hui, le Pacte de la Société des Nations, les Traités de Paix sont la loi. Tous les États de cette zone adhèrent à la Société des Nations. Le Pacte les lie donc. Est-ce une garantie suffisante? Elle est importante mais trop précaire encore pour que les États en question se puissent affirmer en pleine sécurité.

Quand le Pacte se révèle insuffisant, les diplomates tentent de remédier à ses lacunes, soit par un Protocole international plus précis, soit par un Pacte de garantie local.

Nous avons montré comment la conception internationale trop frêle encore pour l'Europe occidentale se trouve remplacée par un Pacte régional auquel tous les états intéressés et eux seuls participeraient.

Trop frêle pour l'Europe occidentale où les questions ethniques ne se posent pas, le Pacte de la Société des Nations complété ou non par le Protocole est trop faible pour l'Europe Centrale.

Pourrait-on y édifier un pacte régional? La Petite Entente primitive semble constituer un encouragement.

Tchécoslovaquie, Roumanie, Yougoslavie, liées, formeraient le noyau de ce pacte auquel adhèreraient la Pologne et l'Autriche, unies à la Tchécoslovaquie, l'Italie unie à la Yougoslavie.

Il serait nécessaire d'y introduire la Hongrie, pour des raisons analogues à celles qui nous ont fait préconiser l'entrée de l'Allemagne dans le pacte occidental.

Quelle serait la valeur d'un tel traité? Si un état violait ses engagements, il se trouverait immédiatement aux prises avec les autres états qui auraient des intérêts communs à sauvegarder et qui, pour des motifs géographiques formeraient une agglomération redoutable.

Un tel Traité assurerait aux minorités les droits qui leur furent promis. Le chaos des races est tel que chaque état a sous sa dépendance des ressortissants ethniques des nations voisines. Ces minorités supporteraient dans chaque état des conditions analogues. Pour que les Roumains de Hongrie ou de Yougoslavie soient soumis à un traitement équitable, les Roumains et les Yougoslaves accorderont aux Magyars de chez eux les libertés qu'ils réclament. Il en sera de même aux autres confins.

Le Pacte de sécurité aura pour effet de couper court à toutes les tentatives violentes de révision des Traités. Seule l'application de l'article 19 du Pacte de la Société des Nations pourra motiver un remaniement territorial. L'Autriche allemande que tant de liens économiques, ethniques, intellectuels, attirent vers l'Allemagne et qui infuserait à celle-ci par son rattachement une sève fortement pacifique, au lieu de regarder vers le Nord sera entraînée vers les états du Danube, et les craintes compréhensibles des puissances limitrophes de l'Allemagne seraient apaisées.

Si le principe au nom desquels les Alliés ont combattu : « Droit des peuples à disposer librement d'eux-mêmes », était appliqué à l'Autriche, peut-être s'unirait-elle à la République allemande. Tous les partis autrichiens se disent partisans de cette union. Si les pangermanistes et les sozialdémokrates réclament l' « Einschluss » immédiat — les chrétiens sociaux, parce qu'ils ont la responsabilité du pouvoir, préfèrent atermoyer pour rester, en apparence, fidèle à la lettre du traité. Mais certaines manifestations restent inquiétantes, comme un retentissant discours prononcé en juillet 1925 par M. Franck, ministre d'Autriche à Berlin, remettant au président von Hindenburg ses lettres de créance : « Les Allemands d'Autriche sont convaincus que l'idée vivace de l'œuvre accomplie en commun et le souvenir inoubliable de destinées vécues ensemble forment le contenu spirituel du concept des nations. Malgré la séparation politique effectuée au siècle précédent cette communauté doit être non seulement maintenue, mais doit être rendue aussi fructueuse que possible et devenir une vérité toujours plus vivante et plus heureuse. »

De son côté, l'Œsterreichisch-Deutsche Arbeitsgemeinschaft a fait une expertise importante sur le relèvement de l'Autriche, aboutissant à la nécessité pour elle d'un rattachement au Reich allemand.

Le meilleur moyen d'éviter ce rattachement contre lequel

les Alliés ne pourraient que se borner à la plus énergique des manifestations platoniques, c'est d'orienter la République autrichienne vers les contrées danubiennes et de pousser celles-ci à l'entente étroite avec l'Autriche.

On dira : « Mais c'est la constitution d'une confédération danubienne, c'est la voie préparée au rétablissement d'un Empire austro-hongrois ! »

Non ! ce ne sera pas l'étouffement des nationalités et l'oppression, qui ne constituerait en aucun cas la sécurité — ce sera l'épanouissement de nationalités voisines, qui affirmeront leur volonté de croître dans la Paix et de s'aider mutuellement.

Mais, peut-on craindre, si ce pacte englobe, à côté de petites puissances, l'Italie, celle-ci tendra à diriger cette nouvelle formation internationale dans une voie qui lui serait à elle profitable.

Nous répétons qu'un Pacte de garantie n'est pas une Alliance. On s'allie pour un but général ou déterminé. On signe un pacte de garantie, en dehors de toutes préoccupations politiques, comme on signerait un contrat d'assurances. Les nations courent des risques comme les individus. Pour échapper aux conséquences de ces risques, les individus contractent des assurances qui leur permettent de vivre en quiétude, sachant que si, par malheur, une catastrophe s'abattait sur eux, leur police d'assurance les dédommagerait et les protégerait.

La notion de sécurité internationale est similaire. La sécurité est une assurance internationale à forme coopérative !

Les états qui adhèreront au Pacte auront tous des droits égaux, qu'ils s'étendent sur de petits ou de grands territoires. Et l'Italie en se joignant au Pacte centreuropéen n'en altèrera pas la tendance. Mais si quelque état extérieur voulait être partie à ce pacte, des problèmes plus complexes seraient soulevés.

Admettez que la France désire participer à ce pacte centreuropéen, qu'adviendra-t-il?

D'autres puissances auront tendance à réclamer une place égale. Le pacte de particulier deviendra général, de régional, il deviendra presque européen. Il fera double emploi avec le Pacte de la Société des Nations, modifié ou non.

Il aura moins d'efficacité, car une garantie trop générale, si elle n'est pas universelle n'est pas une garantie sûre.

Ce qui fait la force d'un pacte régional, c'est sa cohésion, la communauté des intérêts matériels des participants, leur relation de voisinage ou de proximité, l'identité de leurs débouchés, l'enchevêtrement de leur rapport économique, le prolongement de leur transit. Un pacte régional contrôlé joue immédiatement pour paralyser une agression !

Si ce pacte s'étend... il perd de sa valeur. La sécurité concentrée a un degré de certitude plus grand qu'une sécurité diluée et éparpillée.

La France veut donner sa garantie au statut territorial de l'Europe centrale, elle risquerait de voir le but qu'elle se propose singulièrement compromis en éveillant les susceptibilités d'autres puissances.

Il y a des actes superfétatoires.

La garantie de la France est au bas du Pacte de la Société des Nations, au bas du Traité de Versailles, de Saint-Germain et de Trianon, comme elle sera au bas de tout protocole de paix. Que de signatures pour calmer ses appréhensions, si elle s'inquiète de ne pouvoir apposer un nouveau paraphe au bas d'un traité particulier.

Le pacte régional doit être limité. Il n'excluera aucune alliance particulière du moment que celle-ci sera soumise au contrôle établi de la Société des Nations.

Ainsi, l'alliance franco-tchécoslovaque n'aura rien d'incompatible avec un pacte centreuropéen.

Certes, un tel pacte soulèverait encore des difficultés. Il n'irait pas sans heurts, au début... mais du moins, offre-t-il de sérieuses garanties qui permettraient à ceux qui l'ont scellé de bonne foi de lui accorder leur confiant appui.

XI

LE PROBLÈME BALKANIQUE

Terres des guerres de races et d'individus ! Terres maudites pour la Paix et où la complexité des intérêts européens envenime les querelles locales.

Serbie, partie arriérée de la Yougoslavie, qui n'a point encore reçu le bénéfice d'un contact européen et les bienfaits d'une civilisation éprouvée, Bulgarie, Grèce, Albanie, un territoire turc exigu mais qui persiste pour attester que la Turquie est européenne, que Constantinople d'Europe est sa ville et qu'Andrinople la Sainte la protège et brassant toutes les frontières incertaines qui dévalent les cimes ou qui franchissent des fleuves au gré des diplomates ou d'une statistique imaginée à Rome, à Paris, à Londres ou à Berlin, les Comitadjis, les Macédoniens, les Albanais, ceux pour qui l'État faible a des attraits et des avantages que l'État fort auquel ils sont soumis leur refuse !

Comment peut se poser, dans ces régions de permanente discorde, la question de sécurité nationale alors que celle de la sécurité personnelle n'est pas même résolue.

Dans ce vaste creuset dans lequel fermentent les éléments les plus opposés, comment peut-on établir un *modus vivendi* qui permette d'envisager le début d'une ère de paix?

Chaque état des Balkans est impérialiste. Sauf la Roumanie, aucun n'est satisfait, mais tous, sauf l'Albanie, sont dotés d'une organisation politique certaine et représentée par des gouvernements qui sont sensés, par une fiction légitime, interpréter la volonté des habitants.

La Turquie est européenne, avons-nous dit... mais si peu. Il est d'ailleurs utile qu'elle soit européenne puisque c'est à ce titre qu'elle possède Constantinople. Si la Turquie d'Europe n'existait pas, il faudrait l'inventer. Au fait, c'est ce qui advint. Par le Traité de Sèvres, la Turquie d'Europe était supprimée ; au Traité de Lausanne, deux ans plus tard, et d'un accord unanime, on la ressuscita. Constantinople est turc parce que s'il n'était pas turc, on ne sait s'il serait grec ou bulgare, russe ou anglais !

Constantinople doit rester turc pour éviter des compétitions acharnées.

Durant la guerre, les négociations entre Alliés relatives à la possession de Constantinople et au partage de la Turquie, étaient loin d'avoir pour base le droit des peuples consacré par tous les discours officiels.

La question de la Turquie a été touchée pour la première fois dans le mémorandum de M. Sazonov du 19 février 1915 :

« La Russie a le désir de s'attribuer, à la conclusion de la présente guerre, les territoires suivants : la ville de Constantinople, la côte ouest du Bosphore, la mer de Marmara, les Dardanelles, la Thrace méridionale jusqu'à la ligne Enos-Midia, la côte de l'Asie Mineure entre le Bosphore, la Sakharia et un point à déterminer du golfe d'Ismidt, les îles de la Marmara, Imbros et Tenedos dans la Méditerranée. »

Les gouvernements français et britannique donnent leur consentement « sous condition de terminaison heureuse de la guerre ». Ils réclament, en outre, une part égale à celle de la Russie dans le partage des dépouilles. La Turquie devient une véritable marchandise au sujet de laquelle on se livre aux transactions les plus laborieuses.

Il fut entendu que Constantinople serait « un port franc pour le transit des marchandises ne venant pas et n'allant pas en Russie », et que la liberté de passage par les Détroits pour les navires de commerce serait accordée.

Des accords particuliers déterminèrent d'une façon précise quels seraient, en Turquie d'Asie, les droits respectifs de l'Angleterre, de la France et de la Russie, droits auxquels vinrent s'ajouter ceux que l'Italie s'attribuait par son entrée « désintéressée » dans la guerre du Droit (Traité de Londres, 26 avril 1915).

Mais au moment de la paix, les Turcs s'insurgèrent contre ce dépeçage. Dans le célèbre pacte national du 28 janvier 1920, qui est la base de l'action nationaliste de Moustapha Kemal, les Turcs reconnaissent dans l'article 4 le bien fondé de l'internationalisation dess Détroits.

« La sécurité de Constantinople, capitale de l'empire et siège du khalifat et du gouvernement ottoman, ainsi que celle de la mer de Marmara, doivent être à l'abri de toute atteinte.

« Ce principe, une fois posé et admis, les soussignés

sont prêts à souscrire à toute décision qui sera prise d'un commun accord par le gouvernement impérial, d'une part, et les puissances intéressées, de l'autre, en vue d'assurer l'ouverture des Détroits au commerce mondial et aux communications internationales. »

Aujourd'hui, les Détroits sur qui veillent les mosquées de l'Islam, mais que scrutent les yeux anxieux du « Foreign Office » et du « Narkomindiel » (1), sont contrôlés par la Société des Nations qui a mission d'en faire respecter la liberté.

La Convention concernant le régime des Détroits signée à Lausanne le 24 juillet 1923 est une de celles qui répond aux conditions les plus impérieuses de la paix. Elle a été *volontairement* signée par tous les États intéressés qui ont réclamé la garantie supérieure du contrôle de la Société des Nations ; elle a entraîné la démilitarisation de zones importantes ; elle établit un statut d'avenir car aucun intérêt n'a été lésé, et aucune jalousie ne peut être suscitée.

Mais à côté d'une Turquie pacifique et qui ne *peut* pas avoir d'ambitions européennes, les autres puissances balkaniques sont en pleine effervescence.

La Yougoslavie et la Grèce se heurtent pour la possession de Salonique. La Grèce, victorieuse par hasard dans la grande guerre qu'elle n'avait pas faite, enflée dans sa vanité et dans ses territoires, subit de durs et de justes revers qui la ramenèrent à des frontières plus saines mais qui blessèrent singulièrement son amour-propre.

(1) Commissariat du Peuple aux Affaires Étrangères de l'Union des Républiques Socialistes Soviétiques.

Aussi n'est-elle pas disposée à traiter avec la Yougoslavie sur les bases que cette puissance entend lui imposer, notamment quant à un accord ferroviaire et au débouché sur Salonique.

Frustrée de Fiume, où l'Europe — pour sa honte — a validé l'irrédentisme d'un poète contre le gré d'une population, la Yougoslavie se trouve sans vrai débouché sur la mer, et comme à l'époque où Salonique était turque, elle tourne toutes ses ambitions vers Salonique la grecque.

Certes il s'est opéré un rapprochement gréco-yougoslave lorsqu'il existait ou lorsqu'on tentait de créer une menace bulgare. Cette période de rapprochement s'est poursuivie, en s'orientant contre l'Italie dont l'impérialisme, traversant l'Adriatique et s'implantant en Albanie s'enfonçait comme un coin entre les deux États balkaniques.

Mais aujourd'hui, où la menace bulgare ne peut même plus être évoquée, où l'Italie a échoué dans sa tentative, les litiges qui ont toujours séparé Belgrade d'Athènes menacent de dégénérer en conflit.

Les Grecs reconnaissent comme « bulgare » la minorité slave à qui elle doit appliquer les conventions de la Société des Nations.

Les Yougoslaves qui estiment posséder un légitime irrédentisme sur la Macédoine reprochent aux Grecs leur « mauvais calcul politique » et dénoncent le traité d'alliance de 1915.

Si un accord n'intervient pas, sous le contrôle et par la décision d'une autorité supérieure, une guerre peut éclater entre ces deux États qui déclanchera automatiquement une conflagration balkanique, laquelle risque d'aboutir à une guerre européenne.

Il faut aboutir pour la Yougoslavie comme pour la Bulgarie, à ce que ces deux puissances dont l'activité économique doit se développer reçoivent un débouché sur la mer libre : la mer Égée.

Pour la Yougoslavie, le port qui lui servirait de débouché ne peut être que Salonique.

Pour la Bulgarie, Dedéagatch semble indiqué et l'article 48 du Traité de Neuilly lui accorde précisément « la liberté de ses débouchés économiques sur la mer Égée dans des conditions qui seront ultérieurement fixées ».

Comment garantir à ces deux pays un débouché assuré, libre, par lequel leur commerce pourra s'effectuer sans vexations? Comment, sinon par un contrôle international?

Il est à considérer que la Roumanie tend de plus en plus à s'échapper de contingences balkaniques. L'Europe Centrale par la Transylvanie, la Russie par l'inquiétante Bessarabie l'absorbent davantage ! Elle reste dans le conglomérat balkanique, mais plus comme voisine que comme partie. Aussi semble-t-elle stabilisée dans la Dobroudja et dans le Banat et si elle adhère ou si on sollicite son adhésion à un « protocole » ou à un pacte balkanique, c'est plutôt en raison de sa position géographique, de son passé, de sa mitoyenneté que de ses intérêts actuels.

La complexité des rivalités, l'ardeur des luttes, pour ne pas dire des haines, la communauté des ambitions qui animent Grèce, Yougoslavie et Bulgarie, et qui atteindront l'Albanie dès que celle-ci deviendra un véritable état, organisé et souverain, sont autant de raisons qui aideront à réaliser l'entente balkanique.

Chaque État des Balkans — en dépit de ses alliances — est, de nature et par destination, hostile aux états qui l'entourent, mais se borne-t-il à menacer ou entreprend-il un acte d'hostilité, que les autres états se groupent contre lui et s'apprêtent, par leur coalition, à le mâter.

Ainsi chaque puissance balkanique est immensément avide, son avidité est limitée par la force des adversaires dont elle scellerait, par ses velléités d'expansion, l'alliance tout au moins éphémère.

Contre la Turquie, tous les états balkaniques ont collaboré, puis contre la Bulgarie, Grèce, Yougoslavie, Roumanie, s'unirent. Aujourd'hui, en dépit des réticences verbales du gouvernement de Belgrade, il semble bien que la collaboration entre Bulgares et Yougoslaves est plus intime que celle des Grecs et des Yougoslaves.

L'entente serait salutaire pour la paix que celle qui unirait le royaume des Serbes, Croates et Slovènes et la Bulgarie. Ces deux pays qui après avoir souffert sous le même joug, lutté côte à côte contre l'oppresseur commun ont pour se dépouiller mutuellement du bénéfice soi-disant indivisible de la victoire, combattu l'un contre l'autre.

Jouets des politiciens, ils furent tour à tour poussés ou abandonnés par les diplomates des Grandes Puissances. Sans aucun souci des nationalités, le traité secret austro-russe de 1897 taillait arbitrairement les Balkans en deux : la partie est était livrée à l'hégémonie russe, la partie ouest à l'emprise autrichienne... Pour que M. d'Ærenthal puisse donner à l'Autriche le débouché de Salonique et que M. Iswolsky réalise enfin la politique sécu-al importait peu que des peuples fussent meurtris.

L'Angleterre, au lendemain de la guerre, persistant

dans sa politique antislave, dans la lutte de la baleine et de l'ours, obtint que les peuples slaves des Balkans soient privés de débouchés sur la mer Égée... une fois encore, Bulgares et Yougoslaves sont « stoppés » à quelques kilomètres de la mer libre !

C'est la communauté de cette situation économique tributaire ou précaire qui est la cause efficiente du rapprochement bulgaro-serbe.

Cette politique commune de la Yougoslavie et de la Bulgarie peut être le nœud de la sécurité balkanique. La Grèce n'a aucun intérêt à s'opposer à ce que ces deux puissances obtiennent ce à quoi économiquement et géographiquement, elles ont droit. Certes, il ne s'agit pas ici d'un abandon territorial que deux peuples unis imposeraient à la Grèce. Il s'agit de déterminer un statut large et définitif grâce auquel la Yougoslavie et la Bulgarie pourraient, sans tracasseries, sans droits, sans l'ombre d'une difficulté, communiquer avec Salonique et Dedeagatch dans lequel ils auraient le droit de commercer et de transiter comme si c'étaient des ports situés dans leur propre territoire.

La Société des Nations nous paraît éminemment qualifiée pour trouver un *modus vivendi* qui, accepté par la Grèce, puisse satisfaire les États aujourd'hui lésés.

Un régime économique viable dans le Sud, un contrôle en Albanie jusqu'à l'édification d'un État incontesté, le désintéressement persistant de la Roumanie pour les affaires balkaniques, l'application stricte des règlements pour la protection des minorités ethniques, telles sont les conditions essentielles de la sécurité balkanique.

Mais celle-ci ne sera véritable et effective que si ces mesures politiques sont accompagnées de mesures humaines.

Là plus qu'ailleurs « le désarmement des esprits et des cœurs » est indispensable. L'instruction répandue à profusion, dans les villes ou les campagnes, sera le plus précieux auxiliaire de cette œuvre de civilisation à laquelle l'Institut de Coopération Intellectuelle se doit de participer.

Le pays balkanique aujourd'hui le plus pacifique est incontestablement la Bulgarie. Pourquoi? parce qu'à l'intérieur de ses frontières ne se pose pas de problèmes ethniques, parce que les Turcs de Choumen, les Roumains de Routschouck, les Juifs de Tatar-Bazardjik jouissent des mêmes droits que le Bulgare de Sofia, parce que le paysan est propriétaire de son sol et que le paysan qui possède ne désire jamais se battre, parce que le pays est excellemment outillé au point de vue de l'instruction publique : l'instruction primaire et l'instruction technique y sont développées avec profit, enfin parce que vaincue et châtiée, elle a compris qu'elle n'obtiendrait de la guerre qu'injustice nouvelle et qu'il lui est préférable de renoncer à ses revendications macédoniennes qui ne se satisferaient que par de nouveaux conflits sanglants alors que ses revendications économiques lui peuvent être accordées par une décision de sagesse et de préservation émanant de la Société des Nations.

Suppression du problème des minorités, par l'assimilation des minorités ethniques à la race nationale, réforme agraire qui permette au paysan l'accession à la propriété, introduction des méthodes scientifiques et rationnelles d'exploitation de la terre, développement considérable de l'instruction publique : telles sont quelques-unes des réformes qui, promulguées en Grèce, en Yougoslavie et même en Roumanie, contribueraient à apaiser les conflits menaçants !

Mais cette œuvre de pénétration des principes de civilisation occidentale doit être complétée par des actions politiques. Parmi celles-ci la plus nécessaire serait le désintéressement officiel des puissances occidentales dans les litiges qui pourraient surgir ! La Société des Nations condamne les traités secrets. C'est surtout dans les Balkans que des zones d'influence furent jadis arbitrairement dévolues selon certaines conventions que la guerre a rendu caduques et qui ne sont révélées qu'aujourd'hui. Il faudrait éviter que les puissances occidentales manient désormais les puissances balkaniques, ainsi qu'elles le firent jusqu'à la paix de Lausanne, comme des pions sur un damier. Une concession de mines, de chemins de fer, un forage révélateur de pétrole, une organisation bancaire à monter, une colonisation de capitaux à engager peuvent produire des rivalités en Europe qui se traduisaient par une exacerbation des rivalités aux Balkans.

En résumé, rien n'empêche la conclusion d'un pacte de sécurité balkanique, sous l'égide de la Société des Nations : il devrait avoir pour base le *statu quo* territorial lequel ne pourrait être sincèrement consenti que si les droits et les devoirs de minorités ethniques étaient définis sans ambiguïté, ni équivoque, que si la liberté des débouchés économiques étaient pleinement et efficacement garantie, que si les gouvernements étaient prêts à assumer les responsabilités d'un désarmement matériel et à prendre les mesures propres à répandre au travers de leurs peuples les semences de l'apaisement. Car c'est surtout, conclusion de toutes nos études, le double désarmement qui conduira invinciblement à la paix.

XII

LE PROBLÈME DU DÉSARMEMENT

Comment se pose le problème du désarmement ? Son premier élément doit être nécessairement l'universalité. On conçoit mal en effet que certains états, parce qu'ils sont sincèrement pacifiques, soient mis dans l'obligation de désarmer alors que leurs voisins conserveraient tous leurs engins de guerre. Le Danemark où le président du conseil socialiste M. Stauning, a pu prendre les mesures les plus complètes en matière de désarmement, ne peut être donné en exemple à d'autres nations — même à intérêts limités — qui ne seraient pas dans une situation géographique et morale analogue à la sienne.

Actuellement, d'ailleurs du fait des clauses de désarmement contenues dans les différents traités de paix, les nations peuvent se répartir en deux catégories : celles qui subissent la contrainte des traités en matière de désarmement, l'Allemagne, l'Autriche, la Hongrie, la Bulgarie ; les autres états qui ont toute liberté et ne subissent aucun contrôle : pourtant, parmi eux, certains états neutres comme le Danemark, les Pays Bas ont pris des dispositions limitatives.

Il va de soi qu'un projet de désarmement général dans

lequel l'égalité de traitement sera la base, doit être précédé par l'extension aux états vainqueurs et neutres des mesures restrictives prévues par les traités de paix à l'encontre des états vaincus. Premier stade vers l'accomplissement du désarmement général, *la limitation des armements* nécessite un contrôle permanent. L'assurance verbale donnée par une nation de la limitation de ses armements ne saurait jamais satisfaire ses voisins soupçonneux ou jaloux. Il faut donc prévoir un organisme d'investigation qui présente toutes garanties d'impartialité et dont les exigences puissent être satisfaits par les états auxquels elle s'adresserait, sans éveiller trop de susceptibilités. C'est, bien entendu, à la Société des Nations que doit incomber cette tâche délicate de nommer les Commissions Internationales de Contrôle, de recevoir leurs rapports, d'en dégager les conclusions pratiques et de prendre, s'il y a lieu, les sanctions qui sembleraient utiles. En décembre 1925, le Conseil de la S. D. N. a convoqué une Commission préparatoire à la Conférence générale du désarmement qui se réunira au printemps 1926. L'ordre du jour de cette commission a été fixé. Ses travaux auxquels participeront l'Allemagne, les États-Unis, l'U. R. S. S. verront des thèses opposées s'affronter.

La France soutiendra que les problèmes de désarmement et de sécurité, de désarmement et d'organisation des sanctions sont liés alors que la Grande-Bretagne s'opposera à cette liaison.

La France dira aussi que par « armement » il faut entendre le « potentiel de guerre » d'un état c'est-à-dire les éléments démographiques, économiques et sociaux qui caractérisent cet état ; la Grande-Bretagne estime que

seuls doivent compter les armements visibles du temps
de paix.

L'accord sera difficile à obtenir ; mais avec la volonté
des délégués français et anglais d'aboutir, un règlement
d'ensemble est probable.

Mais avant même d'obtenir cette limitation générale
des armements, il va de soi que toutes les mesures
subsidiaires qui aboutiraient à une première réduction, à l'impossibilité d'un super-armement sont hau-
tement recommandables et que c'est à ce titre que
tous les règlements, déjà existants ou en voie de conclusion, concernant la prohibition ou le contrôle de
la vente et du trafic des armes doivent être maintenus
et renforcés.

Dès 1920, en vertu de l'article 1er § 2 (1) et de l'article 8 (2) du Pacte de la Société des Nations, la Société
des Nations s'est mise au travail. Elle se heurtait à

---

(1) Article 1er, paragraphe 2 : « Tout État, Dominion ou Colonie
qui se gouverne librement et qui n'est pas désigné dans l'Annexe
peut devenir Membre de la Société si son admission est prononcée
par les deux tiers de l'Assemblée, pourvu qu'il donne des garanties
effectives de son intention sincère d'observer ses engagements internationaux et *qu'il accepte le règlement établi par la Société en ce qui
concerne ses forces et ses armements militaires et navals.* »

(2) Article 8. — « Les Membres de la Société reconnaissent que le
maintien de la paix exige la réduction des armements nationaux
au minimum compatible avec la sécurité nationale et avec l'exécution
des obligations internationales imposées par une action commune.
....

« Considérant que la fabrication privée des munitions et du matériel
de guerre soulève de graves objections, les Membres de la Société
chargent le Conseil d'aviser aux mesures propres à en éviter les
fâcheux effets, en tenant compte des besoins des Membres de la
Société qui ne peuvent pas fabriquer les munitions et le matériel de
guerre nécessaires à leur sûreté. »
....

beaucoup de difficultés, comme celle de l'abstention des États-Unis et de la Russie. *La Commission temporaire mixte pour la Réduction des Armements* avait mis sur pied différents projets, envoyé différents questionnaires. L'opposition de certains gouvernements, leurs réponses dilatoires n'ont pas permis, jusqu'en 1925, d'aboutir à des résultats satisfaisants.

Mais le 17 juin 1925, fut signé à Genève « une convention pour le contrôle du commerce international des Armes et Munitions et de Matériel de guerre » auquel la plupart des états, sauf l'Union des Républiques Socialistes Soviétiques, apportèrent leur adhésion. Son principe est la prohibition d'exporter à des particuliers des armes et des munitions de guerre et la faculté d'en exporter à des gouvernements sous certaines conditions.

L'interdiction d'exportation à des particuliers est une mesure d'autant plus indispensable qu'elle empêchera les armements clandestins de bandes et de factieux, qu'elle rendra la guerre étrangère plus difficile et l'insurrection, alimentée par l'étranger, presque impossible. Il n'est pas inutile de rappeler ici les événements qui se sont produits en France dans la région de Lille où des groupes fascistes, par la frontière belge, faisaient entrer en fraude des centaines de fusils allemands destinés à leur propre armement.

L'autorisation d'exportation à des gouvernements, sous certaines conditions était rendue indispensable par le fait qu'il est des états dans lesquels n'existe nulle industrie de fabrication d'armements et qu'il leur est nécessaire de s'alimenter auprès d'états étrangers. Le mot « gouvernement » a un sens régulier qui interdit désormais l'envoi de munitions à des chefs de bandes comme Abd-el-Krim qui ne constituent pas même un gouvernement de fait.

La convention prévoit un régime périodique et uniforme de publicité pour les mouvements internationaux du commerce des armes et munitions.

Si elle entre en vigueur — et tout permet de l'espérer — on pourra entrevoir les perspectives d'un premier désarmement. Une conférence pour le *contrôle de la fabrication privée* dont le Pacte dénonce les « fâcheux effets » s'ouvrira prochainement à Genève ; le Conseil de la S. D. N. a envoyé à cet effet un questionnaire aux gouvernements. Contrôle, limitation, suppression : telles sont les trois étapes du problème que nous étudions.

Mais il ne faut pas se dissimuler qu'à côté des munitions et des armements, d'autres instruments — que le progrès de la science a forgé — peuvent constituer une arme de guerre terrible entre les mains de gouvernements : les avions, les laboratoires chimiques.

Les avions ? Certes on peut appliquer aux avions de guerre la même réglementation, les mêmes restrictions qu'aux navires de guerre — mais alors qu'un navire de commerce, qui échappe à tout contrôle, ne peut que très difficilement et très lentement être transformé en un navire de guerre, l'avion de commerce peut, en un délai insignifiant, moins de 24 heures aux dires des experts, devenir un terrible engin de combat.

Les techniciens de la paix devront rechercher les moyens par lesquels, sans exercer un contrôle direct sur l'aviation civile, ils pourront empêcher qu'un état puisse dans un but d'agression détourner de sa vraie mission sa flotte commerciale aérienne.

Les laboratoires chimiques? La question est plus grave encore puisque les mêmes gaz, qui servent à la fabrication de produits pharmaceutiques et chimiques, peuvent servir également à l'asphyxie des populations d'un pays ennemi.

La Société a fait étudier la question de la guerre chimique par une commission de savants experts dont le rapport final est saisissant :

« Nous n'avons rien vu, durant la dernière guerre, qui soit comparable aux perspectives probables de destruction des centres industriels et de massacres de populations civiles au cas où un nouveau conflit important viendrait à se produire. »

Nous extrayons de la *National Zeitung* de Bâle, l'article ci-dessous et qui montre dans toute son horreur les conséquences immédiates d'une guerre chimique :

« La guerre vient brusquement d'être déclarée.

« Aucune difficulté urgente, insoluble, ne semblait la rendre imminente. Au contraire, les dernières nouvelles étaient plutôt rassurantes.

« La condamnation à mort de l'Europe n'est connue du gouvernement que depuis cinq minutes.

« La presse n'en sait rien et le public moins encore.

« Les rues sont remplies d'une foule anxieuse, excitée, mais qui ne se doute de rien.

« Tout à coup, une odeur de violette, d'abord légère, puis plus forte, puis insupportable, envahit les rues et les places. Déjà, l'air n'est plus respirable.

« Qui ne réussit pas à s'enfuir — et bien peu y réussissent — devient rapidement aveugle, perd connaissance, s'effondre sur le sol et étouffe.

« Le ciel reste parfaitement serein, clair, bleu, sans

nuages. Aucun avion en vue, pas le moindre ronfle-
ment d'hélice !

« Cependant, à 5.000 mètres au-dessus du sol, hors
de portée de la vue et de l'ouïe, une escadrille ennemie
évolue sans pilote, sous l'action d'ondes hertziennes,
et laisse couler sur le sol sa charge d'acétophénolchlor
(le gaz lacrymogène, le gaz le plus « humain ») ou de
diphénylaminchlorasin (Lewisite) moins agréable déjà,
ou même de dichlorure d'éthyle sulfuré, le gaz moutarde, prince des poisons.

« La guerre des gaz a commencé !

« L'action du gaz moutarde, dernier cri de la technique
moderne, ne saurait être décrite en termes trop atroces.

« Des dix-sept espèces de gaz utilisées jusqu'ici avec
succès, c'est de beaucoup la plus parfaite. C'est la
Mort même.

« Aucun masque ne protège contre lui. Il ronge les
chairs et, s'il ne tue pas tout de suite, produit des brû-
lures que trois mois ne suffisent pas à guérir.

« Pendant des mois, les objets sur lesquels il se sera
déposé tueront comme lui. Lorsqu'une région a été
saturée par ce gaz, chaque pas, chaque poignée de
porte, chaque couteau à pain reste, pendant des mois,
mortel.

« Les aliments ne peuvent plus être consommés, l'eau
est empoisonnée. Toute vie se trouve anéantie. »

*Ce qui signifie aussi qu'il n'y aura plus, dans la guerre
future, la moindre différence entre l'armée et la population civile.*

Le correspondant de guerre américain William
G. Shepherd décrit dans le journal *Liberty* sa vision
d'une attaque aérienne de Londres par les Français :

« La France possède aujourd'hui au moins 2.500 avions en service actif et d'autres en réserve. Le tonnage total de la flotte aérienne française est de 600 à 3.000 tonnes, suivant la hauteur du vol.

« Le centre de Londres, siège de toutes les institutions vitales de l'Empire britannique, couvre quatre mille carrés anglais. 120 tonnes de dichlorure d'éthyle sulfuré, de gaz moutarde, suffiraient pour les rendre inhabitables pendant des mois.

« Comme 250 avions, au maximum, peuvent survoler simultanément en une seule couche, ce territoire, chaque avion transportant au moins 500 livres de gaz, cette flotte pourrait projeter une tonne environ par minute et — toujours d'après le calcul de Shepherd — en deux heures, le cœur de l'Empire britannique aurait cessé de battre. »

Cet effroyable tableau ne serait que trop exact ; il est établi d'après les études des experts de la Société des Nations.

Les peuples civilisés ne pouvaient pas accepter qu'au cas où une guerre éclaterait encore de tels moyens puissent être employés et un protocole a été voté par 44 états (dont l'Allemagne et la France) reconnaissant que la guerre « de gaz asphyxiants toxiques ou similaires » est condamnée « par l'opinion générale du monde civilisé » s'interdisent l'emploi de ces gaz et tous autres moyens de guerre bactériologique.

Mais pour que la guerre éclate, dans le monde tel qu'il est organisé actuellement, il faut qu'il y ait eu d'une part ou d'une autre, violation d'engagements pris dans un des traités existants ou dans le pacte de la Société des Nations, qu'il y ait eu refus d'arbitrage ou que le conflit ait été déclanché par un état qui ne fasse pas partie de la Société des Nations et n'ait pas signé le protocole condamnant la guerre chimique.

Dans toutes ces éventualités, la guerre chimique reste possible, puisqu'un état qui faillit une première fois à ses engagements peut y faillir une seconde — ou puisqu'il pourrait ne pas être lié par le protocole.

Alors la répudiation solennelle de Genève ne serait que factice? On peut l'appréhender et c'est pourquoi, le désarmement matériel n'étant une garantie certaine que si la bonne foi existe, il est nécessaire de créer cette atmosphère de bonne foi et de confiance en se livrant, sans tarder, au désarmement moral.

La 3e Assemblée de la Société des Nations l'avait déjà, en 1922, reconnu expressément : « Le désarmement matériel ne peut s'opérer que dans une atmosphère de sécurité et de confiance mutuelles... »

L'effort valeureux d'individualité, de ligues nationales, de Congrès internationaux : l'apostolat d'un von Gerlach ou d'un Ferdinand Buisson, par exemple, les résolutions de la Chambre de Commerce Internationale ou de groupements corporatifs internationaux, littéraires ou ouvriers, industriels ou sportifs, les recommandations d'institutions officielles comme l'Institut de Coopération Intellectuelle tout ce qui contribuera à nouer des relations internationales suivies permettra l'épanouissement du véritable esprit de paix.

L'échange d'étudiants, le contact permanent d'associations économiques, la venue à Paris, par exemple,

d'athlètes allemands, sont des manifestations sympto-
matiques qu'il faut encourager.

L'action des groupes politiques peut être certes
féconde. Le vote à Marseille d'une motion d'organisation pacifique par l'Internationale ouvrière (voir
texte *Annexe* n° 14), le vote à Nice d'un programme
de pacification des esprits par le Congrès Radical Socialiste Français (voir texte *Annexe* n° 15) sont faits pour
contribuer largement au rapprochement du peuple.

Quand les professionnels du patriotisme incitent
à la perpétuation du souvenir et de la haine ; quand
des chefs d'armée s'écrient comme le général Sixt
von Arnim que son armée est « animée du même esprit
que l'ancienne » ou que « la loi suprême est la fidélité
aux devoirs guerriers » ou comme un général français
« que la guerre n'est qu'un épisode de la lutte engagée
depuis des siècles entre les Germains et les Latins »,
que « la guerre reviendra », il ne faut pourtant pas oublier
que les anciens combattants des différents états belligérants se sont rencontrés à Genève en toute cordialité, et que des officiers généraux français ou allemands
tiennent un langage qui peut se résumer en cette phrase
prononcée par le général von Deimling, le 9 août 1925 :
« la meilleure garde sur le Rhin serait la suppression
de la haine et le rapprochement franco-allemand ».

Pour la suppression de la haine, ce n'est pas aux
hommes mûrs qu'il faut s'adresser. D'ordinaire, ils
sont de parti-pris : nationalistes ou pacifistes et il faudrait une action inlassable pour espérer les voir peut-
être changer d'opinion.

Mais c'est aux jeunes qu'il faut s'adresser.

La Société des Nations l'a compris et elle a mené

une enquête complète auprès des gouvernements pour apprendre ce qu'ils ont déjà fait, ce qu'ils comptent faire en vue « d'enseigner aux enfants et à la jeunesse l'existence et les buts de la Société des Nations » et « d'encourager les relations entre jeunes gens de nationalités différentes ».

Si cette dernière question se heurte à des difficultés techniques comme l'obtention de facilités de voyages, de passeports collectifs qu'il faut espérer voir résoudre, la première intéresse directement les gouvernements et il dépend d'eux et d'eux seuls que toute la jeunesse scolaire soit initiée aux problèmes de la paix.

Les résultats des investigations faites par la Société des Nations (1) sont des plus suggestifs. Nous signalons l'effet particulier accompli par la Tchécoslovaquie, la Pologne et la Grèce.

En Tchécoslovaquie notamment, l'enseignement de la paix est obligatoire. Il est donné en vertu de la loi n° 226 du 13 juillet 1922.

En Allemagne, le paragraphe Ier de l'article 148 de la Constitution de Weimar porte que l'enseignement « doit avoir pour but la formation du civisme et des capacités en vue du travail personnel et professionnel, et cela, dans l'esprit de la nationalité allemande et de la *Réconciliation des Peuples* ».

En France, l'étude de la Société des Nations a été ajoutée à différents programmes et les ministres de l'Instruction Publique qui se sont succédé au pouvoir ont donné au « Groupement Universitaire pour

(1) Rapports du 23 juin 1925, A. 10, 1925, XII et du 25 août 1925, A. 10 (*a*), 1925, XII.

la Société des Nations » toutes facilités pour entreprendre leur propagande dans les écoles, lycées, collèges et universités.

Il est nécessaire, dans tous les pays, de combattre les hommes qui font, auprès des jeunes, l'apologie de la force, le panégyrique de la guerre. Est-il possible qu'une association allemande comme le « *Werwolf* » puisse dans son programme écrire qu'elle considère « comme sa tâche de développer chez les élèves les vertus patriotiques et surtout de tenir en éveil parmi la jeunesse l'esprit militaire », qu'une association française comme la Ligue des Patriotes, puisse inciter ses membres à préparer les victoires futures ?

L'œuvre des différents ministres de l'Instruction Publique qui sont chargés, selon l'excellente expression de M. de Monzie, « des menus soins de la paix » est de commander à un corps enseignant décidé à faire prévaloir les conceptions de paix, d'estime mutuelle et de compréhension réciproque.

Ce sera l'œuvre de l'Institut de Coopération Intellectuelle de surveiller le contenu des manuels scolaires. Au 2ᵉ Congrès de la Fédération Universitaire Internationale (Genève 1925) les délégations françaises et allemandes ont pu faire voter par l'unanimité de l'Assemblée une motion dans laquelle « considérant l'influence que peuvent exercer sur l'esprit des enfants les ouvrages qu'ils ont entre les mains, considérant que les sentiments irraisonnés de haine ou de mépris que certains peuples éprouvent les uns envers les autres, sont pour beaucoup le résultat lointain d'idées ou de formules acquises dès le premier âge », elles demandent que des efforts soient faits « pour favoriser la publication dans chaque pays de manuels ou de livres de lectures d'histoire conçus dans un esprit aussi rapproché que possible de l'objectivité et de l'impartialité ». Elles font confiance à l'Institut de Coopération Intellectuelle pour mener une action énergique dans ce sens.

Elles signalent à l'Institut de Coopération intellectuelle, à l'opinion publique et aux autorités académiques de chaque pays, les ouvrages scolaires qui contiennent des passages injurieux ou haineux à l'égard d'une nation quelconque, ou des erreurs matérielles d'histoire ou de géographie de nature à porter atteinte à l'esprit de concorde internationale.

Elles demandent que « l'enseignement et les instructions donnés aux instituteurs soient imprégnés d'un esprit objectivement pacifique ».

Une enquête faite par la Donation Carnegie facilitera la tâche de l'Institut de Coopération Intellectuelle et des gouvernements.

Dans une étude « sur les livres scolaires d'après-guerre » différentes personnalités signalent quel est l'état d'esprit qui domine dans les manuels confiés aux enfants — et s'il y a des ouvrages modérés, prudents et même bienfaisants il en est encore trop dans tous les pays qui reflètent une mentalité peu propice à l'enseignement de la concorde.

Il y a là un apostolat de tous les instants à mener. Prêcher la paix, c'est bien, mais c'est insuffisant. Il faut pénétrer toutes les institutions de l'esprit de paix et en particulier tout ce qui se rapporte à l'instruction publique.

Il faut atteindre l'enfant ; écarter de ses tentations les récits guerriers et les mots de vengeance.

Les principes inculqués dès ce premier âge demeurent et germent. Que l'empreinte soit bonne, et l'homme mûr sera bon. Il s'agit du bonheur de l'humanité et des individus, comment ne ferait-on pas l'effort nécessaire pour créer cette ambiance de paix qui doit devenir aussi indispensable à la vie que l'air qu'on respire.

Napoléon Ier aimait à dire : « Donnez-moi l'instruction publique pendant un siècle et je changerai le monde ». Les apôtres de la paix disent aujourd'hui : « Dédiez à la Paix l'Instruction Publique pendant 50 ans et le monde sera changé. L'esprit de guerre aura définitivement disparu. »

XIII

CONCLUSION

Ainsi c'est en réalisant le désarmement des esprits que l'on parviendra à assurer la paix.

D'aucuns disent que le monde, que la Société des Nations ne seront vraiment en sécurité que le jour où sera réalisée la Fédération des Peuples. C'est là un idéal auquel nous nous associons ; mais loin de nous de penser que la seule garantie de la paix soit un stade international nouveau qui demandera une longue évolution pour s'instaurer.

Ce serait déjà une garantie suffisante — et nécessaire de paix — que d'assister à l'avènement de démocraties là où se rencontrent encore des formes désuètes de dictature, des gouvernements d'oligarchie et de force.

Puisque nous sommes sur le terrain moral, affirmons d'abord que le régime républicain , que le régime parlementaire sont difficilement compatibles avec le déclanchement d'une guerre d'agression. Ils n'ont pas à sauvegarder le prestige d'une dynastie, à assurer le règne d'un successeur, à consacrer la gloire d'un prince héritier, à faire de la gloire d'une victoire ou de l'affolement d'un conflit la rançon d'une dictature intérieure. Jaurès disait avec raison : « La guerre devient plus difficile parce qu'avec les gouvernements libres des démocraties modernes, elle devient à la fois le péril de tous par le service universel, le crime de tous par le suffrage universel ».

Tandis que l'Union des Républiques Socialistes Soviétiques refuse de répondre à un questionnaire de la Société des Nations sur le désarmement et fourbit les armes de guerres mondiales, tandis que l'Italie fasciste de M. Mussolini est impatiente de partir à la conquête de territoires, et ne voit dans les accords de Locarno qu'un moyen de masquer à l'Europe Occidentale qu'elle sait trop forte, ses ambitions balkaniques, orientales ou africaines, les états à formation démocratique et parlementaire, les Républiques cherchent avec acharnement à asseoir solidement la paix. Un dictateur s'installe-t-il dans une capitale, qu'immédiatement une agitation gagne les frontières de l'état, les incidents diplomatiques commencent... la guerre s'annonce. M. Mussolini, contre la Yougoslavie, puis contre la Grèce, a failli la déclancher. Il y a quelques semaines, contre la Bulgarie, le général Pangalos faisait tout pour la provoquer.

Contre les tyrannies qui ont besoin pour se fixer ou pour être tolérées du vain prestige des armes, la République s'identifie à la Paix qui seule permet à ses vertus de s'épanouir.

Nous avons prouvé que le désarmement matériel — qui rendra la guerre impossible — ne sera réalisable qu'après le désarmement moral ; l'instauration de démocraties là où règne encore l'absolutisme hâtera considérablement l'heure bénie où le désarmement général sera un fait accompli. Certains prétendront que la panacée réside dans la suppression des frontières. Mais la frontière existe en soi. La notion qu'on en donne généralement est fausse. Elle n'est pas une ligne de séparation, mais une ligne de réunion. Loin d'être un sillon qui sépare, un mur sur lequel s'arcboutent les états, elle doit être considérée comme l'emplacement où viennent se fondre les états. Les accords économiques, comme les accords politiques permettront à la conception des frontières ouvertes de triompher de celle des frontières fermées qui engendre l'ignorance, la méfiance, les guerres. La frontière doit être le glacis de la paix et pour cela rien n'empêche et tout exige au contraire que se multiplient les zones démilitarisées à condition toutefois qu'elles s'étendent en deçà comme au delà de la frontière.

Le jour où les frontières deviendront invisibles, les tentations de guerre seront moins nombreuses, les incidents locaux s'atténueront, la paix s'affermira.

De l'aube de Locarno, on peut voir poindre « l'heure finale » où grâce au désarmement moral et à ses conséquences le monde vivra dans la paix, comme dans le seul élément qui puisse convenir à son existence.

Cependant, nous dirons que Locarno n'assure pas toute la paix et que des étapes sont à prévoir, à souhaiter entre la bonne réalité d'aujourd'hui et les perspectives idéales que nous venons d'évoquer.

D'abord, l'acte de Locarno est essentiellement germanique, en ce sens qu'il ne garantit que les frontières occidentales et orientales de l'Allemagne. Entre le Protocole de Genève qui érigeait des règles de garantie universelle et *le pacte rhénan* qui les réduit aux limites d'un seul état dont l'adhésion aux principes de paix et certes d'une importance capitale mais ne doit pas être exclusive.

M. Baldwin à Colchester disait que les accords de Locarno n'étaient pas « exclusifs » mais « inclusifs ». La France, l'Allemagne, la Belgique, l'Angleterre, l'Italie, la Tchécoslovaquie, la Pologne ont autour de l'Allemagne rompu « le cercle de fatalité, le cercle de fer, le cercle de haine » dont parle Jaurès. D'autres peuples, d'autres états doivent s'associer pour rompre par leur accord volontaire, les autres cercles qui s'érigent sur d'autres frontières.

Ainsi les principes du pacte de Locarno pourraient servir de base à d'autres pactes. Le pacte rhénan est conclu, mais, dans la seule Europe, le pacte baltique, le pacte danubien, le pacte balkanique restent à conclure.

Pacte baltique ? Il existe en puissance dans la convention de conciliation et d'arbitrage signée à Helsinki (Helsingfors) le 17 janvier 1925 entre l'Esthonie, la Lettonie, la Finlande et la Pologne.

Pacte danubien ? La Petite Entente ne peut-elle pas en former le cadre et s'adjoindre, avec une clause de non-agression et de garantie mutuelle, l'Autriche et la Hongrie.

Pacte balkanique ? Il est à créer, mais la nouvelle collaboration en Yougoslavie entre fédéralistes et unitaires, entre Raditch et Pachitch favorise un rapprochement entre Sofia et Belgrade ; un traité d'arbitrage est déjà conclu entre la Turquie et la Bulgarie ; une offre de pacte a déjà été faite par M. Rentis, ancien ministre des Affaires étrangères de Grèce, offre insuffisante et incomplète puisqu'elle excluait de l'accord la Bulgarie et qu'un pacte balkanique sans la Bulgarie, c'est un pacte rhénan sans l'Allemagne, une alliance déguisée, un germe de guerre.

Ainsi, en Europe, voyons-nous se former des groupements régionaux dus à des affinités locales ou à des nécessités géographiques et économiques. C'est l'idée que le colonel Réquin et que lord Robert Cecil avaient adoptée dans leur projet de « Traité d'Assistance Mutuelle » qui réapparaît, renforcée par l'application des principes du Protocole.

Y aura-t-il un lien entre ces différents pactes, entre ces différentes répartitions, non pas arbitraire, mais logique, d'états ?

M. Cudenhove-Kalergi, dans ses théories paneuropéennes, l'annonce et le réclame : nécessité de la formation d'une « Paneurope » qui grouperait tous les états de l'Europe continentale déjà associés entre eux selon les stipulations des Pactes dont ils seraient parties.

Théorie séduisante que la sienne, aux perspectives efficaces, s'il est entendu que le bloc européen ne se constitue pas pour faire équilibre au bloc asiatique, au bloc américain, mais pour s'associer à ces blocs, s'il n'est pas une formation dirigée contre la Fédération des Soviets, en un mot s'il est l'affirmation d'une volonté de paix, s'il se crée en vue d'associations continentales ultérieures, en vue d'une étroite coopération intercontinentale.

Si les mots « États-Unis » ne semblaient pas présager une organisation fédérative similaire à celle des États-Unis d'Amérique et s'ils ne signifiaient qu' « union des états », nous adopterions la formule « États-Unis d'Europe » qui nous paraît représenter bien plus que « Paneurope » le véritable but auquel doivent tendre les efforts concertés de la Société des Nations et des chancelleries.

Mais, interrogera-t-on, quelle sera la position de la Grande-Bretagne ou mieux de l'Empire britannique vis-à-vis d'un regroupement des états européens?

La morale « sans obligation ni sanction » qui est celle de la Grande-Bretagne peut-elle s'accommoder avec la morale basée sur le respect des obligations contractées et sur la menace ouverte de sanctions, qui est celle de l'Europe actuelle?

L'Empire britannique ne conçoit pas d'autres obligations en dehors de celles qui résulte pour lui de sa composition même, de la solidarité des Dominions et de la métropole. Il est bien certain que les Dominions ne veulent pas mettre une nouvelle fois leurs forces au service du vieux continent s'entredévorant. Une réserve expresse est inscrite au pacte rhénan. Un des diplomates les plus favorables aux principes du Protocole, M. Dandurand, premier ministre du Canada, déclarait au Sénat canadien le 29 avril 1925 : « Le spectre de la guerre plane sur l'Europe. C'est là que peut éclater la tempête. Le Canada est d'un autre continent... Si la nation britannique... ne veut pas se lier à nouveau, si la Grande-Bretagne, qui est une nation européenne, adopte cette attitude, est-il surprenant que le Canada, pays d'Amérique, ne puisse s'engager à appliquer des sanctions économiques et militaires dans toutes les guerres futures du continent européen...? »

Et les premiers ministres d'Australie, d'Afrique du Sud ou des Indes de tenir un langage semblable.

L'Empire britannique consentirait sans doute, en vue de l'organisation du monde, à des obligations à l'égard de

groupes d'états dont la puissance équivaudrait à la sienne.
L'Empire britannique est déjà, en petit, une Société
de Nations. Bien que membre de la Société des Nations,
il a tendance à la traiter d'égale à égale. S'il apporte
à la Société des Nations sa contribution, c'est qu'il pense
qu'un jour la Société des Nations pourra lui apporter la
sienne : c'est donc beaucoup plus une collaboration, une
juxtaposition de pouvoirs, que la reconnaissance par
l'Empire britannique d'un pouvoir supérieur, à compétence plus générale, qui le mettrait sous le regard de la
Société des Nations.

Aussi croyons-nous qu'il est très possible et qu'il serait
utile de créer en Europe sous la forme d'union volontaire
d'États, d' « *États-Unis* » une solidarité et une coopération
continentale à laquelle l'Angleterre (et non l'Empire
britannique) apporterait, par son adhésion au pacte
rhénan, sa sympathie et, dans un cas déterminé, son
absolu concours.

Mais les « États-Unis d'Europe » ne nuiraient-ils pas
au développement désirable de la Société des Nations qui
elle existe et agit ? Non pas : ils constitueraient dans l'intérieur de la Société des Nations une cellule, un noyau plus
cohérent et plus actif. Ils sont compatibles avec l'article 21
du Pacte de la Société des Nations.

Les engagements internationaux, tels que les traités
d'arbitrage et les ententes régionales, comme la doctrine
de Monroe, qui assurent le maintien de la paix ne sont
considérés comme incompatibles avec aucune des dispositions du présent Pacte.

Ils sont recommandés par les résolutions successives
votées par les Assemblées de la Société des Nations. Ils

sont dans la ligne de l'évolution de l'histoire comme ils sont dans la logique et le bon sens. Ils seront.

**

Mais il apparaît qu'une organisation purement politique du monde est insuffisante et qu'il faut, dans la complexité et l'interdépendance des problèmes actuels, la doubler d'une organisation économique qui commence déjà à poindre.

Nous avons montré, au cours des pages qui précèdent, que les progrès d'organisation politique n'ont pu être réalisés qu'au prix de longs efforts, après de pénibles tâtonnements, et bien des retours en arrière, sous la pression des événements, sous les menaces des dangers imminents. Une lente évolution des esprits s'est produite depuis la signature de ce Traité de Versailles qui, selon le mot déçu du vicomte Ishii, « n'a pas pu donner la paix au monde ». Des idées qui étaient l'apanage de quelques esprits audacieux se sont heureusement vulgarisées ; tout le monde aujourd'hui, en Europe, admet que la véritable paix, la sécurité, ne peuvent être fondées sur la domination de la force, mais seulement sur l'impartiale équité d'un droit égal pour tous.

Le passé d'hier nous permet d'espérer en l'avenir de demain. Les résultats obtenus, après tant d'inquiétudes, justifient l'optimisme raisonné de ceux qui croient, que, dans la vie des peuples comme dans la vie des individus, il faut poursuivre son effort en accordant plus d'attention aux chances de succès qu'aux difficultés et aux obstacles qui parsèment la route. C'est cet optimisme qui nous permet de dire qu'après avoir commencé son organisation politique et tout en la poursuivant, l'Europe va maintenant pouvoir s'attaquer à un problème peut-être encore plus redoutable que celui de la sécurité et de la paix, le *problème de son organisation économique*. Les « États-Unis d'Europe contre la guerre » sont à la veille d'exister : Genève et Locarno ont jalonné les étapes les plus dures. Mais tout reste à faire pour préparer les « États-Unis d'Europe pour la paix. »

Tout reste à faire. Mais tout sera fait. Dès que le cauchemar de la guerre qui étreint depuis tant d'années les peuples aura été dissipé, ils cesseront de ne penser qu'à la grande catastrophe possible ; ils seront alors plus sensibles aux misères existantes, ils en percevront l'absurdité et voudront les réduire. Les États-Unis d'Europe ? Conception politique, pour qui ne voit que l'aspect extérieur, formel, des choses. Conception économique pour qui sous l'apparence veut saisir la réalité. A peine les accords de Locarno étaient-ils signés que M. Vandervelde disait à un journaliste : « Maintenant, il faut faire une union douanière de l'Europe occidentale ! » L'homme d'État socialiste, rompu à l'étude des problèmes économiques et sociaux, entraîné à regarder loin devant lui, sentait mieux que quiconque que sur la carcasse, solide certes, mais un peu grêle des traités purement politiques de Locarno, il fallait mettre sans tarder la chair vivante d'accords économiques.

Les pactes contre la guerre sont fondés essentiellement sur la solidarité de tous les peuples, sans distinction, entre eux. Mais une solidarité intermittente, qui ne s'exprime qu'à de rares intervalles, lors des grandes crises, reste forcément fragile. C'est chaque jour, dans le rythme continu de leurs obscures et banales besognes matérielles, que les peuples doivent sentir, mesurer, augmenter leur solidarité. Or, à l'heure actuelle, ils n'aperçoivent le plus souvent, au cours du constant effort que leur impose la vie, que leurs rivalités et leurs antagonismes. Loin d'être associés pour la conquête du progrès et du bien-être, ils se dressent les uns contre les autres, dans un conflit latent, sourd, mais âpre et impitoyable. Débarrassés des préoccupations qui les absorbaient entièrement, ils comprendront peu à peu qu'à ce désordre il faut substituer une organisation fondée sur l'intérêt commun, qu'aux luttes d'appétits il faut substituer une collaboration féconde. Cette besogne ne se fera pas en un jour, certes. Ceux qui la poursuivront se heurteront à la résistance aveugle des intérêts particuliers et des égoïsmes nationaux. Mais l'idée peu à peu pénétrera dans les couches profondes des peuples, comme s'y est peu à peu imposée l'idée de la lutte en commun contre la guerre ; alors la tâche deviendra soudain facile, et le rêve d'une Europe réconciliée dans le labeur de tous ses fils sera prêt de devenir une réalité.

*
* *

A vrai dire, nous pensons qu'il se produira une évolution à peu près analogue à celle que nous avons décrite dans cet ouvrage à propos de la sécurité. Au cours de discussions très générales, on a posé les principes essentiels de la sécurité européenne. Mais lorsqu'il a fallu passer à l'application de ces principes, les cadres ont dû être restreints, la tâche diminuée pour être facilitée, et on a vu naître les accords particuliers, régionaux, de Locarno.

Il en sera de même dans le domaine économique. De grands principes seront définis. Des décisions générales seront adoptées d'enthousiasmes. Mais lorsqu'il faudra réaliser, on reviendra à des problèmes plus précis, à des régions mieux délimitées. On fixera des règles valables pour le monde entier. Puis on essayera de les appliquer à l'Europe seule. Et peut-être commencera-t-on pratiquement par des accords qui ne toucheront qu'une partie de l'Europe.

La définition des grands principes généraux, elle est déjà commencée. Le 13 février 1920, le conseil de la Société des Nations décidait la convocation d'une « Conférence internationale dans le but d'étudier la crise financière et de rechercher les moyens d'y remédier et d'en atténuer les dangereuses conséquences ». Ce fut la Conférence financière de Bruxelles, réunie en septembre 1920, où siégèrent les représentants de trente-neuf États, y compris l'Allemagne, l'Autriche, la Hongrie, la Bulgarie, et les États-Unis. Les experts financiers les plus remarquables de tous ces pays y confrontèrent leurs vues, et de leurs discussions sortit une véritable charte des règles financières nationales et internationales.

Deux années plus tard, la Conférence de Gênes, à côté de ses résultats politiques, aboutissait à des résolutions sur les problèmes financiers et économiques qui présentaient le plus haut intérêt. La commission financière de Gênes, par exemple, préconisait « la pratique d'une coopération constante entre les banques centrales d'émission ou les banques chargées du contrôle de la politique suivie en matière de crédit dans les divers pays », et la conclusion d'une convention internationale dont l'objet « serait de centraliser et de coordonner les demandes d'or, et d'éviter ainsi, dans le pouvoir d'achat de ce métal, les amples variations que, sans ces précautions,

pourraient provoquer les efforts simultanés et concur-
rents qui seraient faits par plusieurs pays pour se procurer des réserves métalliques... »

Parallèlement à ces travaux, la Société des Nations,
par ses sections économique et financière, le Bureau
International du Travail, par l'ensemble de son action,
poursuivaient activement l'étude de tous les problèmes
économiques, financiers et sociaux. Est-il besoin de
rappeler l'œuvre accomplie par la Société des Nations
pour la restauration de l'Autriche et de la Hongrie?
Est-il besoin de signaler la valeur inappréciable de
documentation que présente l'admirable « Enquête sur
la Production », poursuivie par M. Edgar Milhand pour
le Bureau International du Travail? Est-il besoin enfin
de souligner l'importance des conventions pour la réglementation internationale des conditions du travail adoptées
par les Conférences Internationales du Travail?

Enfin, au cours de la dernière Assemblée générale de
la Société des Nations, en septembre 1925, M. Loucheur,
au nom de la délégation française, proposait et faisait
adopter la convocation d'une Conférence internationale
économique chargée « d'examiner les difficultés économiques qui s'opposent au rétablissement de la prospérité
générale, ainsi que de mettre en lumière les meilleurs
moyens de surmonter des difficultés et d'éviter les conflits. »

Proposition opportune, car c'est en effet à la solution
des difficultés économiques, à l'intérieur des États,
et entre les États, que doivent s'attacher maintenant tous
ceux qui ne croient pas que le progrès soit un vain mot,
tous ceux qui pensent que, selon le proberbe anglais cité
à Genève par M. Loucheur : « Where there's a will,

there's a way », où il y a une volonté, il y a un chemin !

Nous savons quels obstacles seront à surmonter, quels égoïsmes individuels et nationaux, parfois tout à fait respectables, il faudra vaincre, quels problèmes d'une complexité extrême il faudra résoudre. Mais nous sommes persuadés que l'Europe ne peut pas s'arrêter sur la voie où elle est engagée : les événements eux-mêmes se chargeront de la tirer en avant. Pour vivre, elle sera contrainte de changer ses méthodes, de renoncer à un morcellement archaïque, de jeter à bas des barrières économiques qui déjà craquent de toutes parts, de constituer enfin cette unité économique, les États-Unis d'Europe, qui redonnera au vieux continent, si affaibli à l'heure actuelle, la vigueur de production et l'épanouissement de haute civilisation que doivent lui valoir les efforts passés des peuples qui ont fait la science, la pensée, la culture modernes.

Il viendra un temps où les douanes nationales et les monnaies nationales paraîtront aussi étonnantes aux hommes qui se pencheront sur le passé que le paraissent maintenant à ceux qui étudient l'histoire de notre pays, les douanes et les monnaies provinciales. Il dépend de tous ceux qui croient que seul l'optimisme est constructeur de hâter ce temps.

* **

Mais toutes ces suggestions d'ordre économique, politique et moral, même si elles émanent de la Société des Nations, risqueraient d'être vaines, car il dépend du bon vouloir des États de les accepter ou non. La Société des Nations est ainsi faite que des membres qui y adhèrent peuvent se soustraire à toutes les recommandations qui leur imposent des devoirs et n'accepter que celles qui leur apportent des droits.

Certes, nous ne méconnaissons pas la difficulté qu'il y aurait à rendre obligatoires certaines des recommandations de la Société qui auraient été votées dans des conditions spéciales et à une majorité déterminée. On opposera à cette thèse l'argument de la souveraineté absolue des États... Mais jadis l'indépendance des clans ou l'autonomie des provinces avaient dû s'effacer devant la souveraineté de l'État, comme le développement de la liberté de l'individu s'était vu arrêté par les nécessités de la ville. La Société des Nations doit jouer par rapport aux États, le rôle que l'État joue à l'égard des provinces qui le composent. Par sa compétence internationale, la Société des Nations est supérieure à la nation et celle-ci ne se diminue pas en aliénant une partie de sa souveraineté au profit de l'organisme international, car, pour le salut de la paix, le national doit être garanti par l'international, mais l'international prime le national.

Plus le monde s'organise, plus les efforts en vue du maintien de la paix se font nombreux et se feront efficaces, plus les états devront abdiquer, devant le pouvoir supérieur de la Société des Nations, une partie de leur indépendance.

La prééminence des affaires internationales sur les affaires nationales, de la diplomatie publique de Genève sur la diplomatie secrète, occulte ou camouflée des chancelleries s'affirmera.

Des règles, des usages diplomatiques se créeront. Des lois économiques régleront les rapports des États entre eux et le rôle de la Société des Nations et des organismes techniques qui en dépendent.

L'esprit des traités, les modalités des pactes, les règles de la paix, les disciplines imposées, les conditions de la collaboration économique, la répression des fraudes fiscales, les statuts ferroviaires ou maritimes, les droits et les devoirs des États, tout cela doit être défini, assemblé, colligé et recueilli dans un *Code de Droit International* que la Cour de Justice Internationale de La Haye semble qualifiée pour établir.

Ainsi, des tâches diverses s'offrent aux bâtisseurs de la paix. Il est des constructions juridiques dont la réalisation immédiate est aisée et indispensable : l'établissement de pactes baltique, danubien et balkanique, assimilable au pacte rhénan. Il est un apostolat auquel, dès aujourd'hui, sont conviés tous les hommes de bonne volonté : celui de prêcher la concorde et la paix, de désarmer les cœurs et les esprits. Il est aussi une organisation économique à bâtir.

La création d'États-Unis d'Europe sera le complément nécessaire des pactes régionaux, comme le désarmement matériel sera l'aboutissant logique du désarmement moral, comme le triomphe du libre échange et la division du travail international seront la suite normale des larges accords économiques.

Ensuite, s'offrira aux hommes la tâche grandiose d'aboutir à l'organisation rationnelle du monde, à la confection de lois internationales obligatoires, à la reconnaissance de la souveraineté de la Société des Nations. Ce seront alors les États-Unis du Monde et la réalisation de la parole de Lamartine dans sa prophétique « Marseillaise de la Paix » où il saluait dans le Rhin le fleuve symbolique de la paix :

« Le Monde en s'éclairant s'élève à l'Unité. »

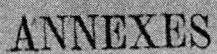

ANNEXES

ANNEXE n° 1

TRAITÉ DE VERSAILLES, PARTIE III, CLAUSES POLITIQUES EUROPÉENNES, SECTION III, RIVE GAUCHE DU RHIN.

ART. 42. — Il est interdit à l'Allemagne de maintenir ou de construire des fortifications soit sur la rive gauche du Rhin, soit sur la rive droite, à l'Ouest d'une ligne tracée à 50 kilomètres de ce fleuve.

ART. 43. — Sont également interdits, dans la zone définie à l'article 42, l'entretien ou le rassemblement de forces armées soit à titre permanent, soit à titre temporaire, aussi bien que toutes manœuvres militaires de quelque nature qu'elles soient et le maintien de toutes facilités matérielles de mobilisation.

ART. 44. — Au cas où l'Allemagne contreviendrait, de quelque manière que ce soit, aux dispositions des articles 42 et 43, elle serait considérée comme commettant un acte hostile vis-à-vis des Puissances signataires du présent Traité et comme cherchant à troubler la paix du monde.

ANNEXE n° 2

OBSERVATIONS PRÉSENTÉES PAR LE MARÉCHAL FOCH A LA SÉANCE PLÉNIÈRE TENUE LE 6 MAI 1919 PAR LA CONFÉRENCE DE LA PAIX

J'aurais quelques observations à présenter, je crois, si j'avais en mains le texte du projet de Traité, mais je dois avouer que je ne l'ai pas encore. Au point de vue militaire, il y a des clauses que je ne connais encore que par des rumeurs, qui appelleraient des observations. Je vais m'efforcer de les préciser.

Au titre XIV on prévoit, comme garantie pour les réparations, l'occupation pendant cinq ans, dix, ou quinze ans, des pays de la rive gauche du Rhin. Si on pouvait discuter posément cette question, il serait facile d'établir que cette garantie est nulle au point de vue militaire, et qu'elle va créer des charges croissantes pour l'occupation alliée. Avant d'aller plus loin, je tiens donc à dire que ce Chapitre XIV ou cette Section XIV, je ne sais exactement, représente une garantie que je considère comme égale à zéro, tout en entraînant pour nous des charges militaires croissantes. Telle est la première réserve que je fais.

D'après ce que j'ai compris encore, nous tiendrions, pendant cinq ans, le Rhin « comme garantie militaire et moyen d'assurer réparation »; après cinq ans et jusqu'à dix ans, nous abandonnerions le Rhin depuis la frontière hollandaise jusqu'au-dessous de Cologne, c'est-à-dire sur un espace de plus de 200 kilomètres, sur les 500 que nous y tenons.

Dès à présent, je ferai observer que, au point de vue des réparations, cela représente l'abandon de la partie la plus industrielle du territoire occupé, l'abandon de la tête de pont donnant accès au bassin de la Ruhr, la principale source de la fortune de l'Allemagne, que nous cessons de menacer et que nous renonçons à saisir.

Après dix ans, ce sont 80 nouveaux kilomètres de la ligne du Rhin que nous abandonnons, depuis Cologne jusqu'au-dessous de Coblence. Enfin, après quinze ans, la barrière du Rhin est abandonnée sur toute la longueur des territoires occupés; la France se retrouve avec ses frontières de 1870, c'est-à-dire sans aucune garantie militaire.

J'ai essayé de comprendre tout à l'heure la définition de la frontière de la France dans la région de la Sarre. Je n'ai pas pu la saisir. On nous a dit que c'était la frontière de 1870; alors nous restons sur la frontière de vaincus de 1815 et de 1870? La reporte-t-on à la région de la Sarre? Je n'ai pas pu le définir.

Comme vous le voyez, après quinze ans, nous n'aurons plus aucun gage pour les réparations. Par conséquent, à cet égard, je dis que la Section XIV est absolument inopérante. Comme les payements et les réparations se poursuivront pendant trente ans, nous nous trouverons avoir des garanties plus ou moins restreintes pendant quinze ans, et après quinze ans nous n'en aurons plus aucune.

J'appelle votre attention sur cette absence de garanties militaires. D'autre part, la réoccupation des territoires occupés est envisagée, pendant ou après cette période de quinze ans, dans le cas où l'Allemagne n'exécuterait pas tout ou partie du Traité signé par elle. Qui est juge de l'opportunité de cette réoccupation? La Commission des Réparations. Pour toutes les violations des clauses du Traité, même de celles qui n'ont pas trait aux réparations, qu'elles

soient d'ordre militaire ou administratif, c'est la Commission des
Réparations qui interviendra pour dire : « Il y a eu violation de
telles clauses ; il y a donc lieu à réoccupation des territoires occupés ». Elle seule aurait qualité à cet effet?

Bien plus, elle aura, en ce qui concerne les réparations, à constater des violations de clauses ne figurant pas dans le Traité parce
qu'elles ne doivent être établies qu'au cours de la période qui suivra
la signature de ce Traité. C'est une juridiction insuffisante.

En résumé, le Traité assure des garanties complètes pour une
période de cinq ans pendant laquelle, sans doute, l'Allemagne
sera hors d'état de nuire. Mais à partir de ce moment, à mesure
que la puissance allemande peut se reprendre et que le danger
va s'accroître, les garanties vont en décroissant jusqu'à disparaître
entièrement au bout de quinze ans. Après cette période, on n'aura
plus aucun moyen militaire de faire payer un ennemi qui a trente
ans pour payer, tandis que les charges augmenteront pour les Alliés.

Il est, en effet, incontestable que, pour occuper une ligne qui
ne sera pas la ligne du Rhin, pour constituer une barrière forte
en deçà du fleuve, il faudra plus de troupes. Nos charges augmenteront donc à mesure que nos garanties diminueront jusqu'à se
réduire à zéro, tandis que nous aurons encore des récupérations
à exercer pendant quinze ans.

Pour contraindre l'ennemi à tenir ses engagements, il n'y a qu'un
seul moyen militaire : c'est de maintenir l'occupation du Rhin.
Au Rhin, en effet, on peut, avec un peu de forces, interdire toute
action à l'Allemagne, et on se les réserve toutes.

Telles sont les observations que j'avais à présenter sur la Section XIV. Je demande que ces dispositions soient examinées à
nouveau, et en particulier par des experts militaires des Nations
alliées.

Si on me demandait quelle solution je propose, je dirais à peu
près ceci : la question du pays rhénan est absolument conditionnée
par le Rhin. Ce fleuve règle tout. Quand on est maître du Rhin,
on est maître de tout le pays. Quand on n'est pas sur le Rhin, on
a tout perdu. Je n'irai pas bien loin chercher une comparaison.
Si nous voulions nous défendre dans cette salle, il suffirait de tenir
les portes pour en interdire le passage à l'ennemi. Inversement,
quand nous aurons perdu les portes, l'ennemi pourra passer. Donc,
tant que nous tiendrons les barrières du Rhin, nous serons entièrement maîtres sur la rive gauche à peu de frais. Si au contraire
nous abandonnons le Rhin, il nous faudra beaucoup de forces pour
tenir un pays dans lequel nous serons faibles quand même, puisque
l'ennemi sera libre de venir attaquer quand il le voudra.

Au point de vue militaire, le Rhin seul est donc important. Le reste ne compte pas. L'occupation des pays rhénans ne vaut que par la mainmise sur le Rhin. En nous repliant comme il a été dit, nous livrons des gages, nous ouvrons des portes, nous nous plaçons dans une situation inférieure, parce que nous sommes obligés d'occuper un pays sans obstacle et d'y mettre beaucoup plus de forces, c'est-à-dire d'une façon beaucoup plus dispendieuse.

Maintenir l'occupation du Rhin est la formule la plus économique et la plus sûre. Je puis me tromper, et c'est pourquoi j'ai demandé que d'autres experts militaires viennent se joindre à moi pour revoir ce Chapitre. Pendant combien de temps tenir le Rhin ? Aussi longtemps qu'on voudra conserver des garanties, puisqu'il n'y en a pas d'autres. Quand on trouvera qu'on est payé ou qu'on a des garanties suffisantes, on n'aura plus qu'à retirer les troupes et à partir.

Remarquez bien que je demande de maintenir l'occupation du Rhin, et non pas des Pays rhénans : c'est sur ce point que nous sommes en divergence d'opinion. On m'objecte que j'occupe un pays ; c'est absolument inexact : j'occupe les passages du Rhin, ce qui exige très peu de forces.

Lorsque l'exécution du Traité sera avancée, lorsque les pays allemands témoigneront d'une bonne volonté indiscutable, lorsque le désarmement s'effectuera, on pourra alléger les charges de tout le monde, Alliés et Allemands, en réduisant encore les troupes d'occupation ; et la réduction se fera, comme vous le voyez, non pas par l'abandon d'un terrain, mais par la réduction des effectifs d'occupation.

Du reste, ces replis proposés dans le Chapitre XIV vont comporter l'établissement successif des troupes, d'abord sur une première ligne, puis sur une deuxième qui sera maintenue pendant cinq ans, et enfin, sur une troisième qui le sera pendant dix ans. En conséquence, nous aurons des casernes à construire et des installations à assurer, entraînant les Alliés et les Allemands dans des charges d'autant plus considérables qu'il sera nécessaire d'amener plus de monde pour garder la nouvelle ligne. Il en résultera des charges formidables pour les populations et ce sera désastreux au point de vue économique.

En résumé, au point de vue militaire, je dis qu'il faut rester sur le Rhin purement et simplement, et ne pas abandonner cette ligne, même partiellement, sous peine d'assumer des charges et des faiblesses et de rester dépourvus de toute garantie au bout d'un certain temps. Ces observations s'appliquent à toute la ligne du Rhin, de Cologne à Coblence et à Mayence.

Dans le Chapitre XIV, on traite également, je crois, de la tête de pont de Kehl. En réalité, il ne s'agit pas là d'une véritable tête

de pont : ce qui le prouve, c'est que nous n'avons pas sur ce territoire le rayon de protection, le rayon de 30 kilomètres que nous
avons partout ailleurs, rayon calculé d'après la portée des canons,
nécessaire pour pouvoir déboucher librement si nous voulions
reprendre l'offensive.

A Kehl, nous avons occupé les forts de Strasbourg établis sur
la rive droite du Rhin, et pas autre chose. On appelle cela une tête
de pont, mais, en réalité, ce n'en est pas une, car on ne pourrait
pas en déboucher utilement. Les forts de la rive droite du Rhin
constituent la défense propre de la place de Strasbourg. Ils en font
partie et ne peuvent pas en être séparés. Les rendre aux Allemands
équivaudrait à leur rendre la moitié de Strasbourg. Strasbourg
est une place française ; on ne peut pas la partager en deux et en
donner une moitié aux Allemands et l'autre aux Français. Les forts
de Strasbourg font partie intégrante de la place. Comment l'idée
pourrait-elle venir de ne pas la conserver entièrement? Sur ce point
encore, il y aurait donc une retouche à faire.

Telles sont les principales observations sur lesquelles j'appelle
l'attention ; je demande qu'on les prenne en considération et qu'on
me donne acte de ma déclaration, car je ne puis pas laisser passer
ces dispositions. Je n'ai pas vu le texte du Traité, je me trompe
peut-être ; mais je demande encore que dès à présent, si le texte
est ainsi rédigé, on veuille bien le faire examiner par des experts
militaires pour voir dans quelle mesure il peut être retouché.

En tout cas, je demande qu'il soit pris acte de mes déclarations
au sujet de ce Chapitre des garanties, de l'occupation des Pays
rhénans et de la tête de pont de Kehl.

Je demande donc à Messieurs les Chefs des Gouvernements
de vouloir bien, s'ils le jugent nécessaire, provoquer une rédaction
nouvelle ou une correction par les experts militaires.

Ceux-ci sont réunis à tout propos. A l'heure actuelle, ils exa-
minent à Versailles une question secondaire. L'importance de
celle que je viens de soulever est assez grande pour qu'on la sou-
mette à leur étude sans aucun retard.

ANNEXE nº 3

NOTE ADRESSÉE LE 1ᵉʳ-14 FÉVRIER 1917 PAR LE MINISTRE RUSSE DES AFFAIRES ÉTRANGÈRES A L'AMBASSA-DEUR DE FRANCE A PÉTROGRAD

Dans votre lettre en date de ce jour, votre Excellence a bien voulu
informer le Gouvernement Impérial que le Gouvernement de la

République se proposait d'insérer dans les conditions de paix qui seront présentées à l'Allemagne les revendications et les garanties territoriales suivantes :

1° L'Alsace-Lorraine devra être restituée à la France ;

2° Les frontières françaises devront s'étendre au moins jusqu'aux limites de l'ancienne principauté de Lorraine et leur tracé sera laissé à la discrétion du Gouvernement français afin que celui-ci puisse satisfaire ses besoins stratégiques et incorporer au territoire français toute la région lorraine des mines de fer et toute la région charbonnière de la vallée de la Sarre ;

3° Le reste des territoires situés sur la rive gauche du Rhin qui font actuellement partie de l'Empire allemand devront être entièrement séparés de l'Allemagne et affranchis par rapport à elle de toute dépendance politique et économique ;

4° Les territoires de la rive gauche du Rhin qui ne seront pas incorporés au territoire français seront constitués en un Etat autonome et neutre et devront être occupés par les troupes françaises aussi longtemps que les Etats ennemis n'auront pas complètement satisfait à toutes les conditions de garanties mentionnées dans le traité de paix.

Votre Excellence déclare que le Gouvernement de la République serait heureux de pouvoir compter sur l'appui du gouvernement impérial pour la réalisation de ces plans.

Par ordre de S. M. Impériale, mon très auguste maître, j'ai l'honneur, au nom du Gouvernement russe, d'informer Votre Excellence par la présente note que le Gouvernement de la République peut compter sur l'appui du Gouvernement Impérial pour la réalisation des plans exposés ci-dessus.

ANNEXE n° 4

NOTE OFFICIELLE SUR L'ARMÉE DU RHIN (1)
OCTOBRE 1924

L'armée du Rhin est la véritable armée de couverture de la mobilisation et d'une concentration de l'armée française. C'est peut-être une conception assez étroite ou intéressée du rôle qui lui incombait qui a fait prévoir des cantonnements entièrement dans les territoires occupés ; à l'origine c'était peut-être nécessaire

---

(1) Cette note confidentielle d'un fonctionnaire supérieur des territoires occupés a été remise par une voie officieuse à différents parlementaires.

puisque, d'après le traité, l'Allemagne devait supporter les frais de l'armée d'occupation et qu'il est évident qu'elle se serait refusée à supporter les frais de troupes qui auraient fait partie organiquement de l'armée française du Rhin sans être stationnée en territoires occupés.

Mais rien n'obligeait certainement le commandement à répartir ses cantonnements d'une manière absolument contraire aux règles de répartition des troupes sur un territoire. En voyant tous les grands services de commandement, armée, corps d'armée, tous les grands services de l'arrière encombrer les villes situées sur le Rhin même, en voyant la direction des services de l'arrière à Wiesbaden, on est obligé de ne voir qu'un élément primordial président à cette répartition des troupes ; il est la volonté de mettre tous les grands chefs de service dans les grandes villes. En cas de difficulté entraînant des mesures préparatoires d'alerte ou de mobilisation, l'encombrement résultant de la nécessité d'évacuer tous ces services pourrait être mortel.

Pour étudier comment doit être placée l'armée du Rhin il faut faire abstraction de ce qui est et partir de principes qui semblent d'évidence et dont certains sont de pure technique militaire.

I

La transformation du mode de paiement des frais d'occupation en crédit, à prélever par la France sur le versement annuel de l'Allemagne, paraît rendre les effectifs français présents en Allemagne indépendants de cette somme. La France a donc tout intérêt à réduire ces effectifs qui, par le logement, le chauffage, l'éclairage, le mobilier et les indemnités spéciales, coûtent très cher et affectent le versement annuel.

II

D'autre part, l'armée du Rhin, couverture de la mobilisation et de la concentration française, doit garder sa force actuelle pendant une durée probablement assez longue.

III

Il n'y a pas impossibilité de conciliation de ces deux termes qu'en apparence, car si l'on en vient à la saine conception que l'armée du Rhin est la couverture de la France et non pas l'armée d'occupation, on s'aperçoit immédiatement de la possibilité de l'organiser en profondeur ainsi qu'il est conforme aux plus saines règles militaires.

IV

Cette organisation en profondeur pourrait être de la forme suivante :

État-Major de l'Armée du Rhin : Paris.
Les services de l'arrière en Lorraine.
La D. G. C. R. A. à Metz.
Un corps d'armée siège à Strasbourg.
3 Divisions troupes en Palatinat, Hesse.

Les services en Alsace.

Un corps d'armée siège à : Metz.
3 Divisions troupes, Prusse Rhénane.

Les services en Lorraine.

Un corps d'armée réserve en France dans la région : Troyes, Épinal, Belfort, Besançon, Dijon.

Les emplacements seraient déterminés en France d'après les locaux que les vastes agglomérations d'avant-guerre ont dû laisser subsister, et qu'une enquête sérieuse retrouverait.

Il n'y aurait plus ainsi en T. O. que les divisions troupes et leurs généraux. Toute l'articulation se ferait de l'arrière à l'avant au lieu de se faire de l'avant à l'arrière et en croisillon au petit bonheur comme en l'état actuel.

V

Actuellement l'État-Major de l'armée française du Rhin considère :

1º Que cette armée doit vivre en Rhénanie ;
2º Que sa composition actuelle doit être maintenue ;
3º Et cela malgré l'étendue du territoire à occuper.

Le deuxième terme de ces considérations est seul acceptable; quant au premier il n'est pas obligatoire, et au troisième il est impraticable. Au 10 janvier la zone française sera réduite de moitié, et l'on ne peut doubler la densité des troupes qui y sont déjà en y transportant les troupes des zones évacuées. Il y a donc un intérêt primordial à réorganiser au plus vite et un intérêt national à rendre l'armée du Rhin à son rôle de couverture et à la faire indépendante de la superficie du sol allemand occupé.

Son organisation en profondeur sur la France résout seul le problème.

VI

Mais il présente d'autres avantages.

Actuellement la réorganisation soulèverait, en l'état de choses, des questions de personnes et de préséance presque insurmontables, si l'on veut instaurer le régime civil nécessaire.

Le système proposé ne laisserait en Rhénanie que des généraux de division, qui sont, par règle, placés après les préfets.

Le pouvoir civil pourra donc être le suivant :

Le président de la Haute Commission (haute personnalité civile à désigner) ayant tous les pouvoirs généraux civils et militaires.

Un Délégué général, choisi parmi les préfets ou nommé à cette occasion et sous ces deux autorités et sans qu'ainsi leur autorité puisse être discutée.

D'une part, le Haut Commissariat, ses Délégués et les Présidents de Commission de garnison.

D'autre part, les Généraux de division commandant les zones territoriales.

VII

Ainsi l'on tire de cette organisation de l'A. F. R. *une possibilité de réorganisation de l'autorité française en Rhénanie conforme à d'urgentes nécessités.*

Une réduction de charges pour le forfait qu'il est impossible d'évaluer mais qui ne peut manquer d'être considérable, la moitié des occupants actuels devant rentrer en France où ils ne coûteraient pas plus chers que les autres militaires.

Signé : N...

ANNEXE N° 5

EXTRAIT D'UNE NOTE CONFIDENTIELLE.
OCTOBRE 1924

Organes parasites qui se sont greffés sur le Haut Commissariat français

Il faut se borner à citer ces organes dont quelques-uns ont déjà été mentionnés ci-dessus et pour lesquels une enquête plus approfondie doit être faite sur place.

Service financier du Haut Commissariat.

Service économique du Haut Commissariat.

Direction de l'Instruction Publique du Haut Commissariat.

Centre d'études germaniques à Mayence.

Ecole de Droit de Mayence.

Ecole de Commerce de Mayence.

Publication de la Revue Rhénane (20.000 francs la publication d'un numéro).

Service de Nachrichtenblatt.

Ecole professionnelle de Kaiserslautern.

Tous ces organes coûtent chers et sont devenus moins utiles. Le développement pris par ces services a surtout, jusqu'à présent, excité la méfiance de nos Alliés et créé dans le peuple allemand la conviction que nous avions des arrières-pensées d'annexion...

ANNEXE N° 6

LES CONVERSATIONS SECRÈTES DE CHEQUERS
21-22 JUIN 1924

Nous publions ci-dessous l'extrait essentiel des conversations de Chequers provenant du texte publié le 24 décembre 1922 par le journal *l'Eclair*.

La Sécurité.

M. Herriot. — Passons à la question du pacte de non-agression dans lequel je suis prêt à admettre l'Allemagne. Je voudrais, à parler franchement, régler l'ensemble de cette question. La Grande-Bretagne est-elle disposée, d'après le règlement des réparations et du rapport des experts, à étudier un pacte de garantie mutuelle dans le cadre de la Société des Nations et qui comprendrait l'Allemagne, avec engagement réciproque de ne pas s'attaquer. Cela rentrerait tout à fait dans le programme de M. Mac Donald. Je vois d'abord un pacte entre Alliés, puis un autre offert à l'Allemagne, sous les garanties données par la Société des Nations. Il s'agit d'un pacte et non d'un traité.

M. Mac Donald. — Je suis très désireux d'étudier et d'approfondir toute la question de la sécurité, mais entre autres difficultés, en voici une. Avant de prendre un engagement, il faut que je m'assure de l'appui de tous les Dominions. Or, je viens de vous en avertir loyalement et, à jouer franc jeu avec vous, ce sera peut-être difficile. Une autre difficulté, c'est que si M. Herriot peut rencontrer une forte opposition de la part de ses prédécesseurs, j'ai, moi, à compter avec M. Lloyd George, qui retomberait sur l'affaire de Cannes, et me reprocherait d'avoir accepté ce qu'il a refusé, c'est-à-dire d'être plus chauvin que lui. Ce que je puis faire, toutefois, c'est d'accepter un examen approfondi (exploration) de l'ensemble de la question de sécurité. Quant à un traité de garantie mutuelle, je ne dois pas vous cacher que tous ces experts de la marine, de l'armée, de l'air et du Foreign office y sont opposés. Cela nous entraînerait à augmenter notre armement et nous ne serions pas soutenus. Je puis d'ailleurs vous annoncer confidentiellement que la Suède, le Danemark et la Hollande y sont également hostiles. Il ne paraît donc pas avoir de chances d'aboutir. Pour sauver la situation, je suggère que la France, la Belgique et la Grande-Bretagne procèdent d'abord à un examen d'ensemble de la situation ; si nous commençons par un traité, cela nous liera les mains et préjugera de la question de la participation des Etats-Unis à la conférence. Je vois pour ma part un grand avantage à élargir la question. En attendant que l'Amérique convoque une nouvelle conférence du désarmement, ce qui pourrait arriver avant un an, on se saisirait de toute la question et non pas seulement du côté technique. Il y a des problèmes plus vastes à résoudre que celui du nombre des aéroplanes et des effectifs. En un mot, il faudrait procéder à une étude scientifique de la question. Votre sécurité ne peut pas être menacée avant deux ou trois ans d'ici. Si dans l'intervalle nous nous mettons à l'œuvre avec la même bonne volonté, il sera facile de trouver un système général de sécurité qui vous donnera satisfaction. Je sais que M. Herriot ne sera pas satisfait peut-être de ma réponse, mais je suis convaincu qu'il pourrait laisser la question ouverte ; la solution tournerait finalement au profit de la France. A présent, si j'acceptais de conclure un pacte, cela voudrait dire qu'il faut augmenter nos effectifs, je serais certainement battu et mes efforts sincères pour venir à votre rencontre ne serviraient à rien.

Que deviendra mon pays?

M. Herriot. — Je comprends la situation où se trouve M. Mac Donald, mais puisque nous parlons en bons amis, je dois lui exposer la situation de la France. Nous allons pouvoir régler, je pense, les questions d'argent. Mais qu'arrivera-t-il si un jour l'Allemagne déclare qu'elle veut pas payer, si elle expulse les organismes du contrôle et si elle restaure la monarchie? Que deviendra mon pays?

« Il faut avoir le courage de se rendre compte que le problème des réparations n'est pas seulement financier mais politique et militaire, et cela par la faute de l'Allemagne. Des renseignements que nous donne le général Nollet, un vrai démocrate et un pacifiste sincère, il ressort que l'Allemagne prépare une armée d'un type nouveau. L'opinion du général Nollet est qu'avec les 100.000 hommes que lui laisse le traité de Versailles, l'Allemagne va refaire ce que la Prusse a réussi après Napoléon Ier. Si, dans dix ou quinze ans, la Société des Nations ne nous a pas donné une organisation de protection militaire, et si une Allemagne, même républicaine, tente de se libérer de ses obligations par la force, que ferons-nous ? Mon pays a un poignard dirigé vers sa poitrine, à un centimètre du cœur. Efforts communs, sacrifices, morts de la guerre, tout cela aura été inutile si l'Allemagne peut à nouveau recourir à la violence. Je crois que je n'aurais pas fait mon devoir envers mon pays si je ne mettais pas l'Allemagne hors d'état de nuire. La France ne peut pas compter seulement sur une conférence internationale, et les États-Unis sont bien loin. Comment voulez-vous, dans ces conditions, que nous arrivions à la réduction du service militaire, et que nous luttions avec quelque chance de succès contre les partisans d'un accroissement des armements ? J'aimerais mieux vous dire tout de suite que je préférerais que la France ne soit pas paye si elle devait renoncer à sa sécurité. S'il y avait une nouvelle guerre, la France serait rayée de la carte du monde. M. Mac Donald, qui est mon ami, comprendra mon émotion. On prend bien des garanties contre les criminels de droit commun ! Ne pouvons-nous pas essayer de trouver une formule de garantie contre un danger de telle nature qu'il rendrait inutile le rapport des experts ? Je vous parle ici du fond du cœur, et vous assure que je ne puis pas renoncer à la sécurité de la France, qui serait hors d'état de supporter une nouvelle guerre.

M. Mac Donald. — Je suis très ému de ce que vient de dire M. Herriot et me rends parfaitement compte de la situation. Je ferai tout ce qui sera en mon pouvoir pour éviter une nouvelle guerre, car je suis certain qu'alors ce ne serait pas seulement la France, mais la civilisation tout entière, qui serait écrasée.

« Je ne suis pas indifférent à la position périlleuse de la France. Mais je voudrais trouver une politique à laquelle la Grande-Bretagne puisse utilement collaborer. Je ne veux pas prendre le chemin facile qui s'offrirait à moi et participer à l'offre faite à la France d'une garantie militaire de sécurité. Je ne ferais que vous tromper. Aucun des Dominions ne me soutiendrait, un gouvernement réactionnaire remplacerait le mien, et finalement la France n'aurait aucune sécurité. Dès maintenant, je suis prêt à prendre toutes mesures nécessaires pour entamer l'étude de la question. J'ajouterai ceci : c'est que si nous devons arriver à un accord, ce sera en éclairant l'opinion publique des deux pays et même du monde entier. Il faut lui dire que le danger existe et l'appeler au secours des gouvernements.

« Donc, pour faire une étude de la question, j'en suis ; pour faire entrer en jeu la Société des Nations, j'en suis ; pour arriver à des accords, certainement. Mais, honnêtement, je ne pourrais pas aller plus loin, du moins à l'heure actuelle.

« Réglons d'abord la question des experts, puis nous passerons à celle des dettes interalliées, puis au problème de la sécurité, et nous chercherons à écarter de l'Europe les risques de guerre qui la menacent Si la France, la Belgique et nous formons un tout fortement uni, nous aurons déjà résolu les neuf dixièmes du problème de la sécurité.

M. Herriot. — En somme, la conclusion la plus importante, c'est une sorte de pacte moral de coopération continue entre nous pour le bien de nos deux nations et l'intérêt général du monde.

***

Ci-dessous deux importants passages qui ont été omis dans le compte-rendu publié par l'Eclair.

M. Herriot. — La question de la sécurité de nos troupes est en effet une question sur laquelle il convient de s'en remettre aux experts militaires. Même si l'occupation militaire devient invisible dans la Ruhr, il faut assurer la sécurité de nos troupes et protéger nos soldats contre tout danger possible.

« Je ne peux pas traiter la question de la sécurité des troupes en dehors du Maréchal Foch et de l'Etat-Major.

« Si l'Allemagne est loyale, elle ne sera pas inquiétée.

« Si elle n'est pas loyale, elle ne sera pas épargnée.

« Il doit y avoir à ce sujet, une déclaration très nette en prenant une position qui me paraît irréprochable au point de vue politique.

M. Mac Donald. — Je suis entièrement d'accord avec vous.

M. Herriot. — Je demande la premission de continuer la conversation sur ce point (la sécurité) parce que c'est le sujet qui me touche le plus à cœur et qui m'impose le plus grand des devoirs.

M. Mac Donald. — Je désire collaborer avec la France sur tous les points.

« Il nous faut assurer notre propre sécurité, mais nous travaillerons aussi à résoudre les grands problèmes moraux de la paix du monde.

M. Herriot. — Je suggère que nous signions ensemble cette note à envoyer à l'Allemagne.

M. Mac Donald. — Si les deux Gouvernements font part à l'Allemagne de leur mécontentement et de leur ferme intention commune de ne pas tolérer de nouveaux armements, nous réussirons davantage à assurer la paix.

ANNEXE N° 7

LE TRAITÉ DE CANNES. PROJET DE TRAITÉ REMIS PAR M. LLOYD GEORGE A M. BRIAND, LE 11 JANVIER 1922.

Considérant que le sol de la France a été deux fois envahi par l'Allemagne de mémoire d'homme vivant, et qu'il souffre encore profondément de la dévastation qui lui a été infligée par l'ennemi ;

Considérant que les populations à la fois de la France et de l'Empire britannique ont payé un lourd tribut de vies humaines et de richesses en repoussant l'invasion des armées allemandes ;

Considérant que la prospérité des peuples européens et l'organisation économique du monde ont été profondément troublées par l'épreuve de guerre prolongée par laquelle ils viennent de passer ;

Considérant que des garanties de la sécurité de la France contre une future invasion par l'Allemagne sont indispensables à la restauration de la stabilité en Europe, à la sécurité de la Grande-Bretagne et à la paix du monde ;

Considérant que les mesures de sécurité suivantes obtenues dans le Traité de Versailles, savoir :

« ART. 42. — Il est interdit à l'Allemagne de maintenir ou de construire des fortifications, soit sur la rive gauche du Rhin, soit sur la rive droite, à l'Ouest d'une ligne tracée à 50 kilomètres à l'Est de ce fleuve.

« ART. 43. — Sont également interdits, dans la zone définie à l'article 42, l'entretien ou le rassemblement de forces armées, soit à titre permanent, soit à titre temporaire, aussi bien que toutes manœuvres militaires, de quelque nature qu'elles soient, et le maintien de toutes facilités matérielles de mobilisation.

« ART. 44. — Au cas où l'Allemagne contreviendrait, de quelque manière que ce soit, aux dispositions des articles 42 et 43, elle serait considérée comme commettant un acte hostile vis-à-vis des Puissances signataires du présent Traité et comme cherchant à troubler la paix du monde. »

Peuvent ne pas pourvoir à la défense des intérêts communs essentiels des Hautes Parties contractantes, ainsi qu'au maintien de la paix en Europe occidentale.

SA MAJESTÉ BRITANNIQUE,

et

LE PRÉSIDENT DE LA RÉPUBLIQUE FRANÇAISE, etc.

lesquels ont convenu des dispositions suivantes :

ARTICLE PREMIER. — Dans le cas d'une agression directe et non provoquée contre le territoire de la France par l'Allemagne, la Grande-Bretagne se rangera immédiatement aux côtés de la France avec ses forces militaires, navales et aériennes.

ART. 2. — Les Hautes Parties contractantes affirment de nouveau l'intérêt commun que présentent pour elles les articles 42, 43 et 44 du Traité de Versailles, et se concerteront s'il y avait une menace d'une violation quelconque desdits articles ou si un doute venait à s'élever quant à leur interprétation.

ART. 3. — Les Hautes Parties contractantes s'engagent en outre à se concerter au cas où des mesures militaires, navales ou aériennes quelconques incompatibles avec le Traité de Versailles seraient prises par l'Allemagne.

ART. 4. — Le présent Traité n'imposera aucune obligation à l'un quelconque des Dominions de l'Empire britannique, et jusqu'à ce qu'il ait été approuvé par le Dominion intéressé.

ART. 5. — Le présent Traité restera en vigueur pendant une période de dix ans et sera, d'un commun accord, renouvelable à la fin de cette période.

ANNEXE Nº 8

EXTRAITS DU PACTE DE LA SOCIÉTÉ DES NATIONS

ART. 10. — Les membres de la Société s'engagent à respecter et à maintenir contre toute agression extérieure l'intégrité territoriale et l'indépendance politique présente de tous les membres de la Société. En cas d'agression, de menace ou de danger d'agression, le Conseil avise aux moyens d'assurer l'exécution de cette obligation.

ART. 11. — Il est expressément déclaré que toute guerre ou menace de guerre, qu'elle affecte directement ou non l'un des membres de la Société, intéresse la Société toute entière et que celle-ci doit prendre les mesures propres à sauvegarder efficacement la paix des nations. En pareil cas, le secrétaire général convoque immédiatement le Conseil à la demande de tout membre de la Société.

Il est, en outre, déclaré que tout membre de la Société a le droit à titre amical, d'appeler l'attention de l'Assemblée ou du Conseil sur toute circonstance de nature à affecter les relations internationales et qui menace par suite de troubler la paix ou la bonne entente entre nations dont la paix dépend.

ART. 15. — S'il s'élève entre les Membres de la Société un différend susceptible d'entraîner une rupture et si ce différend n'est pas soumis à la procédure de l'arbitrage *ou à un règlement judiciaire* prévu à l'article 13, les Membres de la Société conviennent de le porter devant le Conseil. A cet effet, il suffit que l'un d'eux avise de ce différend le Secrétaire général, qui prend toutes dispositions en vue d'une enquête et d'un examen complets.

Dans le plus bref délai, les Parties doivent lui communiquer l'exposé de leur cause avec tous faits pertinents dt pièces justificatives. Le Conseil peut en ordonner la publication immédiate.

Le Conseil s'efforce d'assurer le règlement du différend. S'il y réussit, il publie, dans la mesure qu'il juge utile, un exposé relatant les faits, les explications qu'ils comportent et les termes de ce règlement.

Si le différend n'a pu se régler, le Conseil rédige et publie un rapport, voté à l'unanimité, soit à la majorité des voix, pour faire connaître les circonstances du différend et des solutions qu'il recommande comme les plus équitables et les mieux appropriées à l'espèce.

Tout Membre de la Société représenté au Conseil peut également publier un exposé des faits du différend et ses propres conclusions.

Si le rapport du Conseil est accepté à l'unanimité, le vote des représentants des Parties ne comptant pas dans le calcul de cette unanimité, les Membres de la Société s'engagent à ne recourir à la guerre contre aucune Partie qui se conforme aux conclusions du rapport.

Dans le cas où le Conseil ne réussit pas à faire accepter son rapport par tous ses Membres autres que les représentants de toute Partie au différend, les Membres de la Société se réservent le droit d'agir comme ils le jugeront nécessaire pour le maintien du droit et de la justice.

Si l'une des Parties prétend et si le Conseil reconnaît que le différend porte sur une question que le droit international laisse à la compétence exclusive de cette Partie, le Conseil le constatera dans son rapport, mais sans recommander aucune solution.

Le Conseil peut, dans les cas prévus au présent article, porter le différend devant l'Assemblée. L'Assemblée devra de même être saisie du différend à la requête de l'une des Parties ; cette requête devra être présentée dans les quatorze jours à dater du moment où le différend est porté devant le Conseil.

Dans toute affaire soumise à l'Assemblée, les dispositions du présent article et de l'article 12, relatives à l'action et aux pouvoirs du Conseil, s'appliquent également à l'action et aux pouvoirs de l'Assemblée. Il est entendu qu'un rapport fait par l'Assemblée avec l'approbation des représentants des Membres de la Société représentés au Conseil et d'une majorité des autres Membres de la Société, à l'exclusion, dans chaque cas, des représentants des Parties, a le même effet qu'un rapport du Conseil adopté à l'unanimité de ses Membres autres que les représentants des Parties.

ART. 16. — Si un membre de la Société recourt à la guerre, contrairement aux engagements pris aux articles 12, 13 ou 15, il est *ipso facto* considéré comme ayant commis un acte de guerre contre tous les autres membres de la Société. Ceux-ci s'engagent à rompre immédiatement avec lui toutes relations commerciales ou financières, à interdire tous rapports entre leurs nationaux et ceux de l'État en rupture de pacte, et à faire cesser toutes communications financières, commerciales ou personnelles entre les nationaux de cet Etat et ceux de tout autre Etat, membre ou non de la Société.

En ce cas, le Conseil a le devoir de recommander aux divers gouvernements intéressés les effectifs militaires ou navals, par lesquels les membres de la Société contribueront respectivement aux forces armées destinées à faire respecter les engagements de la Société.

Les membres de la Société conviennent en outre, de se prêter l'un à l'autre un mutuel appui dans l'application des mesures économiques et financières à prendre en vertu du présent article pour réduire au minimum les pertes ou les inconvénients qui peuvent en résulter. Ils se prêteront également un mutuel appui pour résister à toute mesure spéciale dirigée contre l'un d'eux par l'Etat en rupture de pacte. Ils prennent les dispositions nécessaires pour faciliter les passages à travers leur territoire des forces de tout membre de la Société qui participe à une action commune pour faire respecter les engagements de la Société.

Peut être exclu de la Société tout membre qui s'est rendu coupable de la violation d'un des engagements résultant du pacte. L'exclusion est prononcée par le vote de tous les autres membres de la Société représentés au Conseil.

ANNEXE Nº 9

LE PROTOCOLE POUR LE RÈGLEMENT PACIFIQUE DES DIFFÉRENDS INTERNATIONAUX

Animés de la ferme volonté d'assurer le maintien de la paix générale et la sécurité des peuples dont l'existence, l'indépendance ou les territoires pourraient être menacés ;

Reconnaissant la solidarité qui unit les membres de la communauté internationale ;

Affirmant que la guerre d'agression constitue une infraction à cette solidarité et un crime international ;

Désireux de faciliter la complète application du système prévu au Pacte de la Société des Nations pour le règlement pacifique des différends entre les Etats et assurer la répression des crimes internationaux ;

Et afin de réaliser, comme l'envisage l'article 8 du Pacte, la réduction des armements nationaux au minimum compatible avec la sécurité nationale et avec l'exécution des obligations internationales imposées par une action commune,

Les soussignés, dûment autorisés à cet effet, sont convenus des dispositions suivantes :

ARTICLE PREMIER. — Les Etats signataires s'engagent à faire tous efforts en leur pouvoir pour l'introduction dans le Pacte d'amendements conformes au sens des dispositions contenues dans les articles suivants.

Ils conviennent que ces dispositions deviendront obligatoires dans leurs rapports respectifs à la date de la mise en vigueur du présent Protocole et que, vis-à-vis d'eux, l'Assemblée et le Conseil de la Société des Nations seront, dès lors, autorisés à exercer tous les droits et devoirs qui leur sont conférés par ce Protocole.

ART. 2. — Les Etats signataires conviennent qu'en aucun cas ils ne doivent recourir à la guerre, ni entre eux ni contre tout Etat qui, le cas échéant, accepterait toutes les obligations ci-après définies, excepté dans le cas de résistance à des actes d'agression ou quand ils agissent en accord avec le Conseil ou l'Assemblée de la Société des Nations, selon les dispositions du Pacte et du présent Protocole.

ART. 3. — Les Etats signataires s'engagent à reconnaître comme obligatoire, de plein droit et sans convention spéciale, la juridiction de la Cour permanente de Justice internationale dans les cas visés au paragraphe 2 de l'article 36 du Statut de la Cour, mais sans préjudice de la faculté pour un Etat quelconque, lorsqu'il adhérera au protocole spécial ouvert le 16 décembre 1920, prévu par le dit article, de formuler les réserves compatibles avec ladite clause.

L'adhésion à ce Protocole spécial ouvert le 16 décembre 1920 devra être faite dans le délai d'un mois qui suivra le mise en vigueur du présent Protocole.

Les États qui adhéreront au présent Protocole après sa mise en vigueur devront s'acquitter de l'obligation ci-dessus dans le mois qui suivra leur adhésion.

ART. 4. — En vue de compléter les dispositions des alinéas 4, 5, 6 et 7 de l'article 15 du Pacte, les Etats signataires conviennent de se conformer à la procédure suivante :

1° Si le différend soumis au Conseil n'a pu être réglé par lui ainsi qu'il est prévu au paragraphe 3 dudit article 15, le Conseil engagera les Parties à soumettre le différend à un règlement judiciaire ou arbitral.

2° a) Si les Parties s'y refusent, il est procédé, à la demande d'au moins l'une des Parties, à la constitution d'un Comité d'arbitres. Le Comité sera constitué, autant que possible, par l'accord des Parties.

b) Si, dans le délai que le Conseil aura fixé, elles ne se sont pas entendues en tout ou en partie sur le nombre, le nom et les pouvoirs des arbitres, ainsi que sur la procédure, le Conseil réglera les points en suspens. Il choisira d'urgence — en consultant les Parties — les arbitres et leur Président, parmi les personnes qui, par leur nationalité, leur caractère et leur expérience, lui paraîtront donner les plus hautes garanties de compétence et d'impartialité.

c) Après que les conclusions des Parties auront été formulées, le Comité d'arbitres, à la demande de toute Partie, sollicitera, par l'entremise du Conseil, sur les points de droit contestés, l'avis consultatif de la Cour permanente de Justice internationale qui, dans ce cas, se réunira d'urgence.

3° Si aucune des Parties ne demande l'arbitrage, le Conseil reprendra l'examen du différend. Au cas où le Conseil établit un rapport voté à l'unanimité de ses membres autres que les représentants de toute Partie au différend, les Etats signataires conviennent de se conformer aux solutions recommandées par lui.

4° Au cas où le Conseil ne peut établir un rapport accepté par tous ses membres autres que les représentants de toute Partie au différend, il soumettra le différend à l'arbitrage. Il réglera lui-même la composition, les pouvoirs et la procédure du Comité d'arbitres et aura égard, dans le choix des arbitres, aux garanties de compétence et d'impartialité visées au n° 2 b ci-dessus.

5° En aucun cas ne pourront être remises en question les solutions ayant défait l'objet d'une recommandation unanime du Conseil acceptée par l'une des Parties intéressées.

6° Les Etats signataires s'engagent à exécuter de bonne foi les sentences judiciaires ou arbitrales et à se conformer, comme il a été dit à l'alinéa 3 ci-dessus, aux solutions recommandées par le Conseil. Dans le cas où un Etat manquerait à ces engagements, le Conseil exercera toute son influence pour en assurer le respect. S'il ne peut y réussir, il proposera les mesures qui doivent en assurer l'effet, ainsi qu'il est dit à la fin de l'article 13 du Pacte. Dans ce as où un Etat manquant à ces engagements, recourrait à la guerre, les sanctions prévues à l'article 16 du Pacte, interprétées de la manière indiquée au présent Protocole, lui deviendraient immédiatement applicables.

7º Les dispositions du présent article ne s'appliquent pas au règlement des différends qui pourraient s'élver à la suite des mesures de guerre prises par un ou plusieurs Etats signataires en accord avec le Conseil ou l'Assemblée.

....

ART. 8. — Les Etats signataires s'engagent à s'abstenir de toute action qui pourrait constituer une menace d'agression contre un autre Etat.

Dans le cas où un des Etats signataires estime qu'un autre Etat procède à des préparatifs de guerre, il a le droit d'en saisir le Conseil.

ART. 9. — L'existence de zones démilitarisées étant de nature à prévenir les agressions et à en faciliter la détermination sans équivoque conformément à l'article 10 ci-dessous, l'établissement de pareilles zones est recommandé entre les Etats qui y seraient également consentants, comme un moyen d'éviter une violation du présent Protocole...

ART. 10. — Est agresseur tout Etat qui recourt à la guerre en violation des engagements prévus au Pacte ou au présent Protocole. Est assimilée au recours à la guerre la violation d'un statut d'une zone démilitarisée.

Dans le cas d'hostilités engagées, est présumé agresseur, sauf décision contraire du Conseil prise à l'unanimité :

1º Tout Etat qui aura refusé de soumettre le différend à la procédure pour règlement pacifique prévue aux articles 13 et 15 du Pacte, complétés par le préésent Protocole — ou qui aura refusé de se conformer, soit à une décision judiciaire ou arbitrale, soit à une recommandation unanime du Conseil — ou qui aura passé outre à un rapport unanime du Conseil, à une décision judiciaire ou arbitrale reconnaissant que le différend qui s'est élevé entre lui et l'autre État belligérant porte sur une question que le Droit international laisse à la compétence exclusive de cet Etat ; toutefois, dans ce dernier cas, l'État ne sera présumé agresseur que s'il n'a pas soumis auparavant la question au Conseil ou à l'Assemblée, conformément à l'article 11 du Pacte.

2º Tout Etat qui aura violé une des mesures provisoires prescrites par le Conseil pendant la période de procédure, visées à l'article 7 du présent Protocole.

Hors les hypothèses visées aux numéros 1 et 2 du présent article, si le Conseil n'a pu déterminer dans le plus bref délai l'agresseur, il aura l'obligation de prescrire aux belligérants un armistice dont il fixera les conditions à la majorité des deux tiers et dont il surveillera l'observation.

Tout belligérant ayant refusé l'armistice ou en ayant violé les conditions, sera réputé agresseur.

Le Conseil enjoindra aux Etats signataires d'appliquer sans retard contre l'agresseur les sanctions visées à l'article 11 du présent protocole, et tout Etat signataire, ainsi requis, sera dès lors fondé à exercer les droits d'un belligérant.

ART. 11. — Dès que le Conseil a fait aux Etats signataires l'injonction prévue au dernier alinéa de l'article 10 du présent Protocole, les obligations desdits États en ce qui concerne les sanctions de toute nature visées aux alinéas 1 et 2 de l'article 16 du Pacte, deviennent immédiatement opérantes afin que ces sanctions puissent porter leurs effets contre l'agresseur sans aucun retard.

Ces obligations doivent être interprétées en ce sens que chacun des Etats signataires est tenu de collaborer loyalement et effectivement pour faire respecter le Pacte de la Société des Nations et pour s'opposer à tout acte d'agression dans la mesure que lui permettent sa situation géographique et les conditions spéciales de ses armements.

Conformément à l'alinéa 3 de l'article 16 du Pacte, les États ginataires prennent l'engagement, individuel et collectif, de venir à l'aide de l'Etat attaqué ou menacé, et de se prêter un mutuel appui, grâce à des facilités et à des échanges réciproques en ce qui concerne le ravitaillement en matières premières et denrées de toutes nature, les ouvertures de crédit, les transports et le transit et, à cet effet, les prendre toutes mesures en leur pouvoir pour maintenir la sécurité des communications terrestres et maritimes de l'Etat attaqué ou menacé.

Si les deux Parties au différend sont agresseurs au sens de l'article 10, les sanctions économiques et financières s'appliquent à l'une et à l'autre...

ART. 13. — Eu égard aux sanctions militaires navales et aériennes dont l'application éventuelle est prévue à l'article 16 du Pacte et à l'article 11 du présent Protocole, le Conseil aura qualité pour recevoir les engagements d'Etats déterminant par avance les forces militaires, navales et aériennes que ces États pourraient faire intervenir immédiatement afin d'assurer l'exécutoin des obligations dérivant à ce sujet du Pacte et du présent Protocole...

ART. 14. — Le Conseil a seul qualité pour déclarer qu'il y a lieu de faire cesser l'application des sanctions et de rétablir les conditions normales.

ART. 15. — Pour répondre à l'esprit du présent Protocole, les États signataires conviennent que la totalité des frais de toute opération d'ordre militaire, naval ou aérien, entreprise pour la répression d'une agression, conformément aux termes de ce Protocole, ainsi que la réparation de tous dommages subis par les personnes civiles ou militaires, et de tous dommages matériels occasionnés par les opérations de part et d'autre, seront supportés par l'Etat agresseur jusqu'à l'extrême limite de sa capacité.

Toutefois, vu l'article 10 du Pacte, il ne pourra, comme suite à l'application des sanctions visées au présent Protocole, être porté atteinte en aucun cas à l'intégrité territoriale ou à l'indépendance politique de l'Etat agresseur.

....

ANNEXE N° 10

LETTRE CONFIDENTIELLE DE M. AUSTEN CHAMBERLAIN AU SUJET DE L'ARBITRAGE OBLIGATOIRE. 4 SEPTEMBRE 1925.

Monsieur, je suis chargé par M. le secrétaire d'Etat Chamberlain de vous adresser les observations suivantes en réponse à la pétition que vous lui avez transmise au nom du *Comité National d'action contre la guerre*. Cette pétition presse le gouvernement de Sa Majesté « d'accepter immédiatement le principe de l'arbitrage pour tous les différends internationaux et de commencer par souscrire tout de suite à la clause qui a trait à l'obligation de soumettre certaines catégories de différends à la cour permanente de justice internationale ».

Les catégories de différends auxquelles se rapporte la clause en question sont énumérées dans l'article 36 du statut de la cour ce sont les différends qui portent : 1° sur l'interprétation d'un traité ; 2° sur une question de droit international ; 3° sur la réalité d'un fait qui, s'il était prouvé, constituerait la violation d'une obligation internationale ; 4° sur la nature ou l'importance des réparations rendues nécessaires par une violation de ce genre. L'intérêt qu'on peut avoir à accepter l'obligation de soumettre de tels cas à la juridiction de la cour, a été indiqué par cet article 36, et la question soulevée par la pétition est identique à celle que plusieurs des gouvernements de la Grande-Bretagne ont eue à examiner depuis l'adoption du statut dont il s'agit. Pour chacun de ces cas, ils ont décidé qu'il n'y avait pas lieu d'accepter l'obligation de le soumettre à la juridiction de la

cour. Pour les différends susceptibles vraisemblablement d'entraîner
une rupture, le gouvernement de Sa Majesté est déjà tenu, en vertu
de l'article 15 du pacte de la Société des Nations, de les soumettre
tous à la procédure de l'arbitrage ou de les déférer au conseil de la
Société. Il est inutile de dire que le gouvernement de Sa Majesté
accepte sans réserve cette obligation et qu'il n'a nullement le désir
de chercher à s'y soustraire. Donc, pour les différends de cette nature,
le seul résultat auquel on aboutirait en acceptant l'obligation de les
soumettre à la juridiction de la cour, ce serait que tous les différends
compris dans les catégories déterminées par l'article 36 du statut,
ressortiraient désormais à la cour permanente, tandis qu'en ce moment
le gouvernement de Sa Majesté est libre de les porter, s'il le désire,
devant le conseil de la Société des Nations. Ce droit, suivant l'opinion
des gouvernements qui ont examiné cette question, n'est pas de ceux
auxquels il est sage de renoncer. Certains des différends, rentrant
dans une des catégories mentionnées par l'article 36, peuvent fort
bien quand même être d'une nature telle qu'il convienne plutôt, pour
les régler, de recourir à la procédure suivie par le conseil de la Société
des Nations que de les soumettre à une cour de justice. On ne voit
pas non plus clairement comment des objections pourraient être formulées raisonnablement contre une pareille attitude ; car l'objet du
pacte de la Société est d'assurer le règlement, par des moyens pacifiques, des différends susceptibles vraisemblablement d'entraîner
une rupture, et, si l'on pense que, dans un cas particulier, la procédure
suivie par le conseil a plus de chances d'aboutir à ce résultat que la
procédure suivie par la cour, il n'y a pas de raison pour que la première ne soit pas adoptée.

Reste à considérer les différends, rentrant dans les catégories déterminées par l'article 36, qui ne sont pas vraisemblablement susceptibles, par leur nature, d'entraîner une rupture. M. Chamberlain ne
connaît pas de pays qui ait contribué plus que la Grande-Bretagne à
faire prévaloir le principe de l'arbitrage pour le règlement de ces
différends, toutes les fois qu'il y a lieu. Le Royaume-Uni a conclu
avec les puissances étrangères un nombre considérable de traités
d'arbitrage, où il est stipulé que tous les différends portant sur des
questions de droit international ou sur l'interprétation des traités
seront soumis à l'arbitrage, à moins que les intérêts vitaux, l'indépendance ou l'honneur des États contractants ne soient en jeu. De
plus, le gouvernement de Sa Majesté a déjà reconnu, conformément à
l'article 13 du pacte de la Société des Nations que « d'une façon générale, il convient de soumettre à l'arbitrage les différends de ce genre ».
Il s'agit donc, en réalité, de savoir qu'il sera sage que le gouvernement
de Sa Majesté, dans les cas qui n'impliquent par eux-mêmes aucun
risque de guerre, consentît par avance à soumettre à l'arbitrage les

différends de toute espèce qui pourraient se produire, quelle qu'en fût l'origine, même si les intérêts vitaux, l'indépendance ou l'honneur de l'État étaient en jeu. Depuis qu'en 1920 a été fixé le statut de la cour permanente de justice internationale, les gouvernements qui ont successivement administré ce pays, ont toujours été d'avis qu'il ne serait point sage d'accepter une obligation d'une si immense portée.

Il n'est pas possible d'exposer ici longuement les considérations diverses qui les ont déterminés à tirer cette conclusion. Mais il y a quelques-unes d'entre elles dont il faut tenir compte tout particulièrement, ce sont celles qui ont trait à l'Empire britannique. Dans son essence, la constitution de l'Empire britannique n'est point unitaire, et il serait périlleux d'agir comme si elle l'était. Il ne faut tenter aucune démarche, sans s'assurer au préalable l'assentiment des Dominions et de l'Inde, et, dans ces contitions, il serait déplorable qu'on se déclarât prêt à assumer des obligations illimitées, quand on peut, à l'occasion, être en fait impuisssnt à les remplir. Si l'on est en effet forcé d'y manquer, on a plus de chances de provoquer par là des difficultés insolubles qu'en s'abstenant d'une pareille déclaration.

M. Chamberlain espère et croit que le recours à l'arbitrage pour le règlement des différends internationaux sera tous les jours de plus en plus en honneur, mais, pour les raisons exposées plus haut, indépendamment d'un certain nombre d'autres il estime qu'il ne serait point sage d'assumer en ce moment des obligations d'un caractère général plus étendues.

Je suis, Monsieur, votre obéissant serviteur. — C.-W. ORDE.

ANNEXE|N° 11

MOTIONS VOTÉES PAR LA 6e ASSEMBLÉE DE LA SOCIÉTÉ DES NATIONS

I — *Arbitrage, Sécurité et Réduction des Armements.*

L'Assemblée,

Prenant acte des déclarations produites devant le Conseil et l'Assemblée de la Société des Nations au sujet du Protocole pour le règlement pacifique des différends internationaux et du fait que ledit Protocole n'a pas recueilli, jusqu'à présent, les ratifications nécessaires pour recevoir une application immédiate ;

Convaincue que le besoin actuel le plus pressant est le réatblissement de la confiance mutuelle entre les nations ;

Proclamant à nouveau que la guerre d'agression doit constituer un crime international ;

Voit avec faveur l'effort fait par certaines nations pour atteindre ces buts par la conclusion de conventions d'arbitrage et de traités de sécurité mutuelle, conçus dans l'esprit du Pacte de la Société des Nations et en harmonie avec les principes du Protocole (arbitrage, sécurité, désarmement) ;

Constate que de tels accords ne doivent pas nécessairement être limités à une région restreinte, mais peuvent s'appliquer au monde entier ;

Exprime le désir que, après le dépôt de ces conventions et traités à la Société des Nations, le Conseil les étudie afin de faire un rapport à la septième Assemblée sur les progrès que ces pactes auront fait faire à la sécurité générale ;

S'engage à nouveau à travailler à l'établissement de la paix par la sûre méthode de l'arbitrage, de la sécurité et du désarmement ;

Et, s'inspirant de l'article VIII du Pacte, invite le Conseil à procéder à des études préparatoires pour l'organisation d'une Conférence en vue de la réduction et de la limitation des armements, afin que, lorsque, du point de vue de la sécurité générale, des conditions satisfaisantes auront été assurées, comme il est prévu dans la résolution XIV de la troisième Assemblée, ladite Conférence soit convoquée, et la réduction et la limitation générales des armements puissent être réalisées.

2. — *Règlement pacifique des Différends internationaux*

L'Assemblée,

Vu l'importance qu'il y a d'étudier à fond tout ce qui a été exposé devant elle et le Conseil ayant traité au règlement pacifique des différents internationaux ;

Persuadée que cette étude contribuera au développement d'un système de solution pacifique des conflits internationaux ;

Prie le Conseil de soumettre à un examen approfondi les propositions, déclarations et suggestions faites devant l'Assemblée et le Conseil, en vue du règlement pacifique des litiges internationaux et de faire rapport à la septième Assemblée sur le progrès réalisable dans cette matière.

L'Assemblée,

Réservant la question de savoir s'il est opportun d'insérer dans une convention générale nouvelle les dispositions relatives à l'arbitrage obligatoire contenues dans le Protocole pour le règlement pacifique des différends internationaux ;

Rappelant les garanties prévues dans le Pacte de la Société des Nations :

Attire l'attention des Etats membres de la Société des Nations sur l'avantage que pourrait présenter pour leur sécurité la conclusion des conventions particulières d'arbitrage ou de règlement judiciaire.

ANNEXE N° 12

TRAITÉ FRANCO-POLONAIS

I. — L'accord politique franco-polonais (1)

Le gouvernement polonais et le gouvernement français, également soucieux de sauvegarder, par le maintien des traités qui ont été signés en commun ou qui seront ultérieurement respectivement reconnus, l'état de paix en Europe, la sécurité et la défense de leur territoire, ainsi que leurs intérêts mutuels politiques et économiques, ont convenu ce qui suit :

1° Afin de coordonner leurs efforts pacifiques, les deux gouvernements s'engagent à se concerter sur toutes les questions de politique extérieure intéressant les deux Etats et relatives au règlement des relations internationales dans l'esprit des traités et conformément au pacte de la Société des Nations ;

2° Le relèvement économique étant la condition primordiale du rétablissement de l'ordre international et de la paix en Europe, les deux gouvernements s'entendront, à cet égard, en vue d'une action solidaire et d'un mutuel appui ;

Ils s'emploieront à développer leurs relations économiques : des accords spéciaux et une convention commerciale seront conclus à cet effet ;

3° Si, contrairement aux prévisions et aux intentions sincèrement pacifique des deux États contractants, ceux-ci ou l'un des deux se voyaient attaqués sans provocation de leur part, les deux gouvernements se concerteraient en vue de la défense de leur territoire et de la sauvegarde de leurs intérêts légitimes, dans les limites précisées dans le préambule ;

(1) La convention politique franco-polonaise, signée à Paris le 19 février 1921, a été ratifiée par une loi polonaise du 12 mai 1922 et promulguée au *Bulletin des lois de la République polonaise* (Dziennik Ustaw Rzeczypospolitej Polskiej) du 9 août 1922.

4° Les deux gouvernements s'engagent à se consulter avant de conclure des nouveaux accords intéressant leur politique en Europe centrale et orientale ;

5° Le présent accord n'entrera en vigueur qu'après la signature des accords commerciaux actuellement en négociation.

Fait le 19 février 1921.

Signé : A. BRIAND,
E. SAPIEHA.

ANNEXE N° 13

LE TRAITÉ D'ALLIANCE FRANCO-TCHÉCOSLOVAQUE

Le Président de la République française et le Président de la République tchécoslovaque, fermement attachés au principe du respect des engagements internationaux confirmé solennellement par le pacte de la Société des Nations, également soucieux de sauvegarder la paix dont le maintien est nécessaire à la stabilité politique et au relèvement économique de l'Europe, résolus à cet effet d'assurer le respect de l'ordre juridique et politique international établi par les traités qu'ils ont signés en commun.

Considérant que pour atteindre ce but, des garanties réciproques de sécurité contre une agression éventuelle, et en vue de la défense de leurs intérêts communs, leur sont indispensables, ont désigné pour leurs plénipotentiaires, savoir :

Le Président de la République française : M. Raymond Poincaré, Président du Conseil, ministre des Affaires étrangères ;

Le Président de la République tchécoslovaque : M. Édouard Benès, ministre des Affaires étrangères, lesquels, après avoir échangé leurs pleins pouvoirs reconnus en bonne et due forme, ont convenu des dispositions suivantes :

ARTICLE PREMIER. — Les gouvernements de la République française et de la République tchécoslovaque s'engagent à se concerter sur les questions extérieures de nature à mettre en danger leur sécurité et à porter atteinte à l'ordre établi par les traités de paix, dont ils sont l'un et l'autre signataires.

ART. 2. — Les hautes parties contractantes se mettront d'accord sur les mesures propres à sauvegarder leurs intérêts communs dans le cas où ils seraient menacés.

ART. 3. — Les hautes parties contractantes pleinement d'accord sur l'importance que présentent pour le maintien de la paix générale les principes d'ordre politique contenus dans l'article 88 du traité de paix de Saint-Germain-en-Laye du 10 septembre 1919, ainsi que dans les protocoles de Genève du 4 octobre 1922, dont elles sont toutes deux signataires ;

S'engagent :

A se concerter sur les mesures à prendre au cas où l'observation de ces principes serait menacée.

Art. 4. — Les hautes parties contractantes, prenant en considération particulière les déclarations faites par la Conférence des Ambassadeurs le 3 février 1920 et le 1er avril 1921, dont leur politique continuera à s'inspirer, ainsi que la déclaration faite le 10 novembre 1921 par le gouvernement hongrois aux représentants diplomatiques alliés ;

S'engagent à se concerter dans le cas où leurs intérêts se trouveraient menacés par l'inobservation des principes énoncés dans ces diverses déclarations.

Art. 5. — Les hautes parties contractantes confirment leur plein accord sur la nécessité qui s'impose à elles en vue du maintien de la paix, d'adopter une attitude commune en présence de toute tentative éventuelle de restauration de la dynastie des Hohenzollern en Allemagne, et s'engagent à se concerter sur les mesures à prendre dans cette éventualité.

Art. 6. — Conformément aux principes énoncés dans le pacte de la Société des Nations, les hautes parties contractantes conviennent que, au cas où ils surgirait entre elles, dans l'avenir, des questions litigieuses qui ne pourraient être résolues par un accord amiable et par la voie diplomatique, elles soumettront ce litige, soit à la cour permanente de justice internationale, soit à un ou à plusieurs arbitres choisis par elles.

Art. 7. — Les hautes parties contractantes s'engagent à se communiquer les accords intéressant leur politique en Europe centrale, qu'elles ont conclus antérieurement et à se consulter avant d'en conclure de nouveaux.

Elles déclarent que, à cet égard, rien dans le présent traité n'est contraire aux susdits accords et spécialement au traité d'alliance entre la France et la Pologne, aux accords ou arrangements conclus par la Tchécoslovaquie avec la République fédérale d'Autriche, la Roumanie, le royaume des Serbes, Croates et Slovènes, non plus qu'à l'accord constaté par l'échange de lettres intervenu le 8 février 1921 entre le gouvernement italien et le gouvernement tchécoslovaque.

Art. 8. — Le présent traité sera communiqué à la Société des

Nations conformément à l'article 18 du pacte. Le présent traité sera ratifié et les instruments de ratification seront échangés à Paris le plus tôt possible.

En foi de quoi, les plénipotentiaires respectifs, dûment autorisés à cet effet, ont signé le présent traité et l'ont revêtu de leurs cachets.

Fait à Paris, en double exemplaire, le 25 janvier 1924.

Signé : R. POINCARÉ.
Docteur Édward BENÈS

Annexe n° 14

EXTRAIT DE LA MOTION VOTÉE PAR L'INTERNATIONALE OUVRIÈRE RÉUNIE EN CONGRÈS A MARSEILLE (AOUT 1925) SUR LA SÉCURITÉ ET LA SOCIÉTÉ DES NATIONS

Le pacte de la Société des Nations lui-même, n'a pas apporté aux souverainetés nationales les restrictions qu'exige la solidarité des peuples modernes, qu'il n'a pas interdit sans réserve aux gouvernements le droit de déclarer la guerre, que l'action concertée contre un État agresseur est encore insuffisamment organisée.

Les travailleurs groupés dans l'Internationale Ouvrière Socialiste ont approuvé la fondation de la Société des Nations. Mais ils déclarent qu'elle ne remplira pas pleinement ce que l'on doit attendre d'elle, *si elle ne comprend pas tous les peuples, réunis avec des droits et des devoirs égaux,* si elle ne s'inspire pas de la nécessité du programme de paix ainsi prévu, si l'organisation internationale ne prend pas des assises économiques solides.

Les travailleurs veulent donc que la Société des Nations soit *universalisée et démocratisée.*

Ils veulent que la procédure de l'article 19 du pacte qui prévoir la révision des traités soit précisée et rendue efficace.

Ils veulent qu'à côté du Bureau international du travail les organismes économiques actuels de la Société des Nations soient transformés en un véritable conseil de l'économie collective internationale, auquel participeraient les organisations ouvrières syndicales et coopératives.

Celui-ci serait chargé d'examiner les problèmes internationaux de production et de consommation, de surveiller les régimes monétaires, de contrôler les voies de communication internationales, et de faciliter les transports, d'assurer à chaque nation une répartition équitable du stock universel de matières premières et de produits, de combattre le protectionnisme et le nationalisme économiques, d'assurer l'harmonie ou l'unité entre les législations essentielles.

Tous les conflits sans exception, y compris ceux concernant l'interprétation et l'exécution des traités de paix, doivent être soumis à l'arbitrage obligatoire.

Les travailleurs demandent que tout État ayant recours à la guerre après avoir, sous un prétexte quelconque, refusé de se soumettre à l'arbitrage ou à une décision arbitrale, soit considéré comme agresseur, et comme ennemi de son peuple et de l'humanité.

Ils demandent qu'aucune hostilité ne soit permise en aucun autre cas que celui de résistance à une agression, ou lorsqu'il y a accord avec une décision prise par le conseil ou l'assemblée de la Société des Nations.

Ils veulent que l'instruction et l'éducation des enfants, soient imprégnées de l'esprit de la paix et préparent ainsi avec certitude le désarmement moral et la disparition des haines.

Chacune de leurs victoires politiques, chaque croissance de leurs propres organisations se traduiront naturellement en influences toujours plus actives et décisives sur le fonctionnement, la vie, les résultats de la Société des Nations.

C'est pour exercer librement cette influence, qu'ils entendent fonder la *sécurité* de chaque peuple dans la paix, par l'*arbitrage* et le *désarmement* général, complet et universel.

C'est pourquoi l'Internationale ouvrière demande que la Société des Nations, réellement qualifiée pour une telle initiative, prépare l'organisation d'une conférence destinée à envisager les mesures qui devront aboutir finalement à un désarmement universel.

Aujourd'hui, à propos du problème de sécurité, l'Internationale se réjouit de voir comment certaines de ses sections, au Danemark, en Hollande, en Suède, en Norvège, se sont efforcées ou ont obtenu de faire entrer dans leur législation des mesures de désarmement ou de réduction des armements.

Elle se réjouit aussi de l'effort qui a été fait par certaines autres pour donner au pacte de la Société des Nations efficacité, force et vie.

C'est en ce sens qu'elle a appuyé toute l'action engagée pour faire approuver par les gouvernements le Protocole de Genève. Celui-ci n'est à ses yeux que la mise en œuvre du pacte lui-même, et il est le pas le plus sérieux fait dans la voie du désarmement.

Le Congrès socialiste international fait siennes les déclarations que ses sections d'Angleterre, d'Allemagne, de Belgique et de France, adoptèrent dans les conférences tenues à Londres et à Bruxelles.

Il note que « *les difficultés actuellement pendantes avec les puissances auraient été évitées si tous les Etats intéressés avaient persévéré dans le projet de protocole élaboré en septembre dernier à Genève* » et il insiste près du gouvernement anglais et de ses dominions pour qu'une telle acceptation ne soit pas écartée, ni retardée.

Le Congrès souligne que, si aujourd'hui l'action diplomatique des peuples est amenée à se replier sur des pactes particuliers de sécurité et de garantie, la responsabilité en remontera à ceux qui ne consentiraient pas à chercher dans la Société des Nations l'application d'un pacte général, étendu à tous les peuples, égaux en droits et en devoirs.

De tels pactes sont imparfaits puisqu'ils ne prévoient pas des mesures de désarmement.

Ces pactes ne devront contenir nulle clause secrète. Ils devront prévoir un système de garantie mutuelle ayant un caractère général, contrôlé et surveillé par la Ligue des nations dans le cadre de son pacte ; qui ne risquera jamais d'être tourné contre une autre puissance ou un groupe de puissances ; qui ne tendra par conséquent à aucune reconstitution d'un faux équilibre de puissances, et qui ne laissera à aucune d'elles le soin de faire jouer, automatiquement, des sanctions qui ne doivent être appliquées que dans les conditions prévues par le pacte de la Société des Nations lui-même.

Ces pactes ne pourront être opposés un jour ni aux mesures d'arbitrage, ni aux mesures de désarmement préparées dans le cadre et sous le contrôle de la Société des Nations.

Annexe n° 15

TEXTE DE LA MOTION SUR LA SÉCURITÉ VOTÉE A L'UNANIMITÉ PAR LE CONGRES DU PARTI RADICAL-SOCIALISTE DE NICE (1) (18 OCTOBRE 1925).

Le Congrès enregistre avec satisfaction les efforts faits depuis la formation du Ministère Herriot, en vue d'aboutir à un règlement de la question de Sécurité ;

Affirme, avec les 5e et 6e Assemblées de la Société des Nations que l'arbitrage, la sécurité, le désarmement sont des notions intimement liées et constituent les plus certaines garanties de la paix ;

Regrette que le protocole pour le règlement pacifique des différends internationaux n'ait pu entrer en vigueur, mais constate avec

(1) Sur le rapport de M. Jacques Kayser.

satisfaction que ses principales dispositions font l'objet des conventions de Locarno ; souhaite qu'elles soient généralisées à tous les États adhérents ou non à la Société des Nations et plus spécialement à tous les États de l'Europe continentale ;

Estime que l'adoption des principes et méthodes contenus dans le protocole : arbitrage obligatoire, compétence de la Cour internationale de justice, détermination automatique de l'agresseur, définition de sanctions préventives et punitives, constituerait un ensemble de garanties solides qui rendraient possible le désarmement ;

Mais il considère que le désarmement matériel ne saurait être efficace qu'accompagné du désarmement des esprits. Celui-ci s'obtiendra par l'avènement des démocrates là où règne encore la dictature, par une propagande ardente dans tous les pays en faveur de la Société des Nations, par l'action de l'Institut de Coopération Intellectuelle qui veillera à ce que l'enfant soit initié, dès l'école, aux problèmes de la paix, qui favorisera une meilleure compréhension des élites et organisera la fraternité de la jeunesse ;

Le Congrès salue avec joie les résultats de Locarno et félicite le gouvernement de s'être inspiré, dans toute son action, des principes contenus dans le protocole de Genève et d'avoir maintenu l'adhésion de la France à ce protocole. Il demande que les stipulations des traités soient en accord avec le pacte de la Société des Nations et qu'ils ne puissent être conclus que dans le cadre et sous le contrôle de la Société des Nations. Dans l'avenir, une fois les traités d'arbitrage et les pactes de sécurité conclus, le parti radical et radical-socialiste réclamera la reprise des pourparlers en vue d'aboutir au désarmement général sous le contrôle de la Société des Nations, qui pourrait imposer aux membres une démilitarisation bilatérale des frontières.

Il espère que les pouvoirs de la Société des Nations s'accroîtront, que son champ de compétence s'élargira, que ses recommandations deviendront obligatoires à ses membres. C'est dans la reconnaissance de la suprématie de la Société des Nations, dans l'aliénation d'une part de chaque souveraineté nationale au profit du pouvoir supérieur de la Société des Nations, c'est dans l'organisation internationale du monde sur ces bases que le parti voit les garanties les plus certaines de sécurité mutuelle et de paix générale.

TABLE DES MATIÈRES

Société Française d'Imprimerie d'Angers,
— — 4, rue Garnier, 4, Angers — —

Lightning Source UK Ltd.
Milton Keynes UK
UKOW04f1001050517
300568UK00009B/223/P